미래엔 교과서

평가 문제집

Better Content, Better Life

COPYRIGHT

인쇄일 2024년 10월 30일(1판12쇄)
발행일 2019년 1월 2일

펴낸이 신광수
펴낸곳 ㈜미래엔
등록번호 제16–67호

교육개발2실장 김용균
개발책임 이보현
개발 한고운, 김수아, 임정은

디자인실장 손현지
디자인책임 김병석
디자인 김단비

CS본부장 강윤구
CS지원책임 강승훈

ISBN 979-11-6233-997-8

평가 문제집

**목적 없는 공부는 기억에 해가 될 뿐이며,
머릿속에 들어온 어떤 것도 간직하지 못한다.
-레오나르도 다빈치**

매일매일 한눈팔지 않고 열심히 공부하는 친구가 있습니다.
그런데 중간고사, 기말고사 시험을 보면,
시험 결과가 기대한 것만큼 나오지 않습니다.
과연 이 친구의 문제는 무엇일까요?

공부 방법에 대해 다시 생각해 볼 필요가 있습니다.
지금 하는 공부가 무엇을 위한 것인지 먼저 파악하는 것이 중요합니다.
중간, 기말고사 등 학교 시험을 대비해야 한다면
바로 교과서 중심의 학습이 되어야 합니다.
시험 범위가 정해지면 해당 단원에 대해 집중적으로 파고들어야 합니다.
단원별 의사소통목표와 문법 항목, 지문 내용을 꼼꼼히 반복해서 읽고 이해해야 합니다.

이처럼 학습 목표가 분명하면 사용해야 할 교재도 분명해집니다.
<미래엔 영어 평가문제집>은 미래엔 영어 교과서를 사용하는 학생에게
무엇을 공부하고, 어떻게 준비해야 하는지를 명확하게 제시하고 있습니다.

매일매일 열심히 공부만 한다고 모든 시험 결과가 좋은 것은 아닙니다.
현재 나의 학습 수준은 어느 정도인지, 무엇을 대비한 공부인지,
사용하고 있는 교재는 적합한 교재인지를 꼼꼼히 따져봐야 합니다.

미래엔의 <영어 평가문제집>이 똑똑한 학습법을 위한 충실한 학습 도우미가 되어
여러분의 노력에 끝없는 응원을 보냅니다.

멋지게 성장하는 그대와 함께하고 있는 Mirae N

이 책의 구성과 특징

Vocabulary

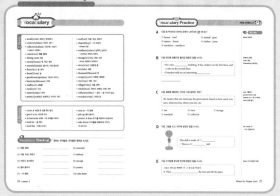

단원별 필수 어휘와 핵심 어구를 외우기 쉽게 정리하였습니다. Vocabulary Check-up과 Vocabulary Practice로 학습한 어휘 & 어구를 다시 한 번 확인할 수 있습니다.

Expressions

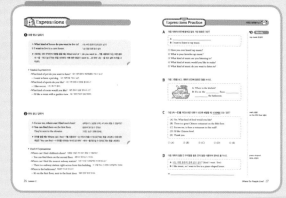

교과서에 나오는 주요 의사소통 표현과 관련 표현을 한눈에 정리하였습니다. Expressions Practice로 교과서의 Listen & Speak, Communicate의 의사소통 표현을 점검할 수 있습니다.

Grammar

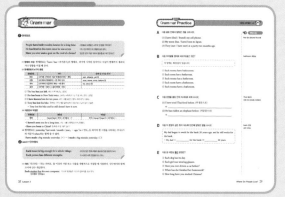

단원별 핵심 문법 사항을 알기 쉽게 요약·정리하였습니다. Grammar Practice의 다양한 문법 문제로 문법 개념을 확실히 다질 수 있습니다.

Reading

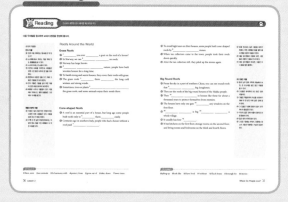

교과서 독해 지문을 완전히 이해할 수 있도록 문장과 해석을 문장별로 정리하였습니다. Reading Practice로 독해 지문을 읽고 이해하며 독해 실력을 기를 수 있습니다.

단원 Test   서술형 평가   1학기 중간고사   1학기 기말고사

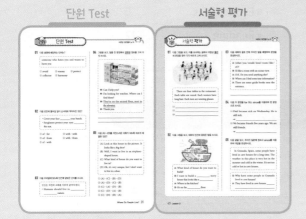

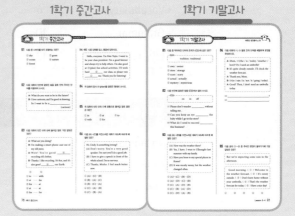

단원 Test에서 다양한 유형의 문제를 풀면서 단원에서 배운 내용을 점검할 수 있습니다. 서술형 평가를 통해 영어 실력도 확인하고 학교 시험도 완벽히 대비할 수 있습니다.

학교 시험에 출제 가능성이 높은 문제만을 엄선하여 중간·기말고사에 대비할 수 있도록 하였습니다.

듣기 평가   Dictation

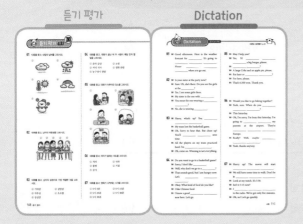

바른답·알찬풀이

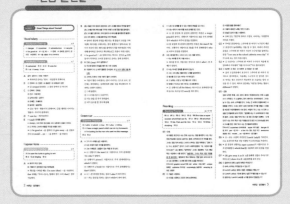

최신 출제 경향을 반영한 듣기 평가로 듣기 능력을 평가할 수 있습니다. 스크립트를 Dictation하면서 들은 내용을 다시 한 번 확인합니다.

정답과 정확한 해석, 문제에 대한 친절하고 명쾌한 해설을 통해 학습 내용을 꼼꼼히 점검할 수 있습니다.

이 책의 차례

Great Things about Yourself

Vocabulary

Words

- adventurous[ədvéntʃərəs] 모험심이 강한
  + adventure 모험
- amazing[əméiziŋ] 놀라운 ≒ surprising
- awesome[ɔ́:səm] 멋진, 굉장한
- bake[beik] (빵 등을) 굽다
- cafeteria[kæfətíəriə] 구내식당
- cartoonist[kɑːrtúːnist] 만화가 + cartoon 만화
- character[kǽriktər] 등장인물
- cheerfully[tʃíərfəli] 쾌활하게 + cheerful 기분 좋은
- clothes[klouz] 옷, 의복
- cool[kuːl] 시원한, 멋진
- coworker[kóuwə̀ːrkər] 함께 일하는 사람, 동료
- danger[déindʒər] 위험, 위기 + dangerous 위험한
- enough[ináf] 충분한, 충분히
- graphic novel 만화 소설
- janitor[dʒǽnitər] 경비원, 문지기, 관리인
- nervous[nə́:rvəs] 불안해하는, 초조해하는
- once[wʌns] 한때
- park ranger 공원 경비원
- per[pər:] ~당, 매 ~
- popular[pápjulər] 인기 있는
- president[prézədənt] (학급의) 반장, 대통령
- recycle[ri:sáikl] 재활용하다
- save[seiv] 구하다
- scooter[skúːtər] 스쿠터
- skill[skil] 기술
- special[spéʃəl] 특별한
- suddenly[sʌ́dnli] 갑자기 + sudden 갑작스러운
- superhero[sjúːpərhìərou] 슈퍼히어로
- surprisingly[sərpráiziŋli] 놀랍게도
- talent[tǽlənt] 재능
- unique[juːníːk] 독특한
- while[wail] ~하는 동안
- whole[houl] 전체의

Phrases

- a few 어느 정도, 조금, 약간
- be good at ~을 잘하다 (↔ be poor at)
- be good for ~에 좋다
- give a speech 연설하다
- give away ~을 선물로 주다(기부하다)
- in front of ~ 앞에 (↔ behind)
- make one's day ~을 즐겁게 하다
- model … on ~ ~을 본떠서 …을 만들다
- out of ~으로(재료)
- say hello to ~에게 인사하다
- take a look at ~을 보다
- vote for ~에 투표하다

Vocabulary Check-up
영어는 우리말로, 우리말은 영어로 쓰시오.

(1) 위험 ....

(2) 동료 ....

(3) 모험심이 강한 ....

(4) 재활용하다 ....

(5) ~을 잘하다 ....

(6) per ....

(7) once ....

(8) janitor ....

(9) whole ....

(10) give away ....

Words

musician 음악가

kind 종류

A 다음 짝지어진 단어와 같은 관계가 되도록 빈칸에 알맞은 말을 쓰시오.

music : musician = cartoon : _____

B 다음 설명에 해당하는 단어로 가장 알맞은 것은?

being the only one of its kind

① whole   ② unique

③ nervous   ④ enough

⑤ adventurous

C 다음 중 짝지어진 단어의 관계가 나머지와 다른 하나는?

① real : really   ② friend : friendly

③ sudden : suddenly   ④ cheerful : cheerfully

⑤ surprising : surprisingly

D 다음 우리말에 맞도록 빈칸에 알맞은 말을 쓰시오.

저에게 투표해주십시오.
➡ Please _____ _____ me.

E 다음 빈칸에 알맞은 말을 보기 에서 골라 쓰시오.

cousin 사촌
main character 주인공

보기

on   at   away

(1) Lisa is good _____ cooking.

(2) Andy gave _____ his books and toys to his cousin.

(3) The writer modeled the main character _____ her son.

Expressions

1 능력 표현하기

> A **I'm good at** jumping rope. 　　　　　　　나는 줄넘기를 잘해.
> B Suji **is good at** jumping rope. 　　　　　수지는 줄넘기를 잘해.
> 　 **I'm good at** playing the guitar. 　　　　나는 기타 연주를 잘해.
> C Suji **is good at** jumping rope. 　　　　　수지는 줄넘기를 잘해.
> 　 Hansu **is good at** playing the guitar. 　한수는 기타 연주를 잘해.
>
> ✚ 능력을 나타낼 때는 be good at ~을 사용하며, '~을 잘하다'라는 뜻을 나타낸다. 전치사 at 뒤에는 (동)명사가 온다는 점에 유의한다.

▶ Useful Expressions

· What are you good at?　너는 무엇을 잘하니?

　— I'm good at playing the piano.　나는 피아노 연주를 잘해.

· Can Alice speak Chinese?　Alice는 중국어를 할 수 있니?

　— Yes. She can speak Chinese very well.　응, 그녀는 중국어를 매우 잘할 수 있어.

· Is your uncle good at repairing bikes?　너의 삼촌은 자전거를 잘 고치니?

　— Yes, he is very skilled at repairing bikes.　응, 그는 자전거를 고치는 것에 능숙해.

2 확신 표현하기

> A It's so cloudy. 　　　　　　　　　　　　　날씨가 너무 흐리다.
> B **I'm sure** it's going to rain soon. 　　　곧 비가 올 게 확실해.
>
> ✚ 확신을 나타낼 때는 I'm sure (that) ~을 사용하며, '나는 ~을 확신해'라는 뜻을 나타낸다. that 뒤에는 〈주어+동사〉 형태의 절이 오며 that은 생략 가능하다.

▶ Useful Expressions

· I have an audition tomorrow. I'm worried.　나는 내일 오디션이 있어. 걱정돼.

　— Don't worry. I'm sure that you will do fine.　걱정하지 마. 난 네가 잘할 것을 확신해.

· Are you confident that this project will succeed?　너는 이 프로젝트가 성공할 거라고 확신하니?

　— Sure, I have put a lot of effort into it.　물론이지, 내가 얼마나 노력했는데.

· Are you sure that he will win this game?　너는 그가 이 경기를 이길 것을 확신하니?

　— Yes. It's certain that he will win this time.　응, 그가 이번에는 이길 것이 확실해.

A 다음 그림을 보고, 괄호 안의 말을 바르게 배열하여 대화를 완성하시오.

> A: The rabbit is sleeping.
>
> B: _____
>
> the race.
>
> (I'm / the turtle / win / sure / is going to)

Words

win the race
경주에서 이기다

B 다음 (A)~(D)를 자연스러운 대화가 되도록 바르게 배열한 것은?

> (A) Why don't you bake a cake for her? You're good at baking.
>
> (B) Tomorrow is my mom's birthday. What should I do for her?
>
> (C) I'm sure your mom will love it.
>
> (D) That's a good idea. I hope my mom will like my cake.

① (A) – (C) – (B) – (D)　　② (A) – (D) – (B) – (C)

③ (B) – (A) – (D) – (C)　　④ (B) – (C) – (D) – (A)

⑤ (B) – (D) – (A) – (C)

bake (빵 등을) 굽다

C 다음 우리말에 맞도록 괄호 안의 단어를 이용하여 빈칸에 알맞은 말을 쓰시오.

> 너는 정말 노래를 잘 부르는구나. (sing)
>
> ➡ You're really good _____ _____.

D 다음 대화의 빈칸에 들어갈 말로 가장 알맞은 것은?

> B: Hi, Cindy. Is something wrong?
>
> G: I have to give a speech in front of the whole school. I'm so nervous.
>
> B: Don't worry. You're a very good speaker. _____
>
> G: Thanks, Minho. I feel much better now.

① That sounds great.

② I'm sorry to hear that.

③ You're not good at dancing.

④ I'm sure you'll do a good job.

⑤ It's certain you'll make a mistake.

give a speech 연설하다
in front of ~ 앞에서
whole 전체의

Grammar

❶ 주격 관계대명사

> She told me about her coworkers **who / that** had special talents.
> 그녀는 내게 특별한 재능을 가진 그녀의 동료들에 대해서도 말했다.
> She rides a super scooter **which / that** can fly.
> 그녀는 날 수 있는 슈퍼 스쿠터를 탄다.

(1) **역할:** 관계대명사는 두 문장을 연결하는 접속사와 앞에 나온 명사(선행사)를 대신하는 대명사의 역할을 한다. 주격 관계대명사는 관계대명사가 이끄는 절에서 주어 역할을 한다.

(2) **주격 관계대명사의 종류**

선행사	주격 관계대명사	예문
사람	who / that	Look at the boy. + **He** is running in the park. 저 소년을 봐.　　　그는 공원에서 달리고 있어. → Look at **the boy who / that** is running in the park. 　공원에서 달리고 있는 저 소년을 봐.
사물·동물	which / that	The phone is mine. + **It** is on the desk. 그 전화기는 내 것이다.　그것은 책상 위에 있다. → The phone **which / that** is on the desk is mine. 　책상 위에 있는 그 전화기는 내 것이다.

(3) **주격 관계대명사의 수 일치:** 주격 관계대명사 뒤에는 바로 동사가 이어지며, 동사는 선행사의 수에 일치시킨다.
The girl **who / that has** flowers in her hands is Mary.
두 손에 꽃을 가지고 있는 그 소녀는 Mary이다.

❷ 접속사 while, after

> **While** I was walking home, I saw a woman on a scooter.
> 나는 집으로 걸어가는 중에 스쿠터에 탄 한 여자를 봤다.
> **After** I got home, I began to write a new graphic novel.
> 집에 도착한 후에, 나는 새 만화 소설을 쓰기 시작했다.

(1) **의미:** 접속사 while은 '~하는 동안', after는 '~한 후에'를 뜻한다.
(2) **형태:** 접속사는 「접속사＋주어＋동사」의 어순으로 쓰인다. 접속사가 이끄는 부사절은 주절의 앞이나 뒤, 어디에나 쓰일 수 있으며, 부사절이 주절 앞에 쓰이는 경우에는 부사절의 끝에 콤마(,)를 붙여준다.
While I was washing the dishes, my brother cleaned the house.
= My brother cleaned the house **while** I was washing the dishes.
내가 설거지를 하는 동안, 내 남동생은 집을 청소했다.

Grammar Practice

바른답·알찬풀이 p.2

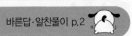

A 다음 괄호 안에서 알맞은 것을 고르시오.

(1) He is the man (who / which) planted this tree.

(2) I love pizza (who / which) has lots of toppings.

(3) He bought a book (who / that) had colorful pictures.

B 다음 우리말에 맞도록 빈칸에 알맞은 말을 쓰시오.

(1) 나는 그녀와 대화를 한 후에 매우 화가 났다.

I was very angry _____ I talked with her.

(2) 내가 통화를 하는 동안, 초인종이 울렸다.

_____ I was talking on the phone, the doorbell rang.

C 다음 두 문장을 주격 관계대명사 who나 which를 이용하여 한 문장으로 쓰시오.

(1) I have a magic pencil. + It can do my homework.

➡ _____

(2) I'm looking for the man. + He sent me this message.

➡ _____

D 다음 두 문장을 한 문장으로 고쳐 쓸 때 빈칸에 알맞은 것은?

I washed my face. Then, I brushed my teeth.

= _____ I washed my face, I brushed my teeth.

① When   ② While   ③ Before

④ After   ⑤ Until

E 다음 중 밑줄 친 부분이 어법상 틀린 것은?

① I don't like movies that <u>are</u> scary.

② He lost his watch which <u>was</u> his birthday gift.

③ The woman who has the keys <u>is</u> not here.

④ The man fixed all the bikes which <u>was</u> broken.

⑤ The child who is waiting outside <u>is</u> my little brother.

Words

plant 심다
topping 토핑
colorful 다채로운

doorbell 초인종

magic 마술의, 마법의
look for ~을 찾다

brush one's teeth
이를 닦다

scary 무서운
lose 잃어버리다(lost-lost)
broken 고장 난

다음 우리말을 참고하여 교과서 본문을 완성해 봅시다.

Lunch Lady Begins

런치 레이디 탄생하다

① 내 이름은 호진이고 나는 만화 소설 쓰는 것을 좋아한다.

② 나는 지난주에 학교에서 집으로 걸어가는 중에 스쿠터에 탄 한 여자를 봤다.

③ 그녀는 정말 멋져 보였고 그녀의 스쿠터는 정말 독특했다.

④ "집에 가는 거니, 호진아?" 갑자기 그녀가 나에게 말했다.

⑤ "네, 그런데 저를 아시나요?" 나는 물었다.

⑥ "당연하지," 그녀는 대답했다. "나는 매일 학교 식당에서 너를 본단다."

⑦ 놀랍게도, 그녀는 학교 식당 직원들 중 한 분이었다.

⑧ '굉장하다! 학교 밖에서는 정말 달라 보이시네.'라고 나는 생각했다.

⑨ '그녀에 대한 만화 소설을 써야겠다.'

⑩ 집에 도착한 후에, 나는 《런치 레이디 탄생하다》라는 새 만화 소설을 쓰기 시작했다.

⑪ 이 소설에서, 런치 레이디는 슈퍼히어로다.

⑫ 그녀는 날 수 있는 슈퍼 스쿠터를 탄다.

⑬ 그녀는 전 세계의 위험에 빠진 사람들을 구한다.

⑭ 그녀는 또한 1초에 100개의 쿠키를 만들고 그것들을 배고픈 어린이들에게 나눠 준다.

⑮ 며칠이 지나, 나는 내 만화 소설을 친구들에게 보여 주었다.

① My name is Hojin, and I like to make ^{1}_____ _____.

② ^{2}_____ I was walking home from school last week, I saw a woman on a scooter.

③ She looked really cool, and her scooter was very ^{3}_____.

④ "Are you going home, Hojin?" she said to me suddenly.

⑤ "Yes, but do I know you?" I asked.

⑥ "Of course," she answered. "I see you at the ^{4}_____ _____ every day."

⑦ Surprisingly, she was one of the cafeteria workers at school.

⑧ "Amazing! She looks so different outside the school," I thought.

⑨ "I should write a graphic novel about her."

⑩ ^{5}_____ I got home, I began to write a new graphic novel, *Lunch Lady Begins*.

⑪ In it, Lunch Lady is a superhero.

⑫ She rides a super scooter that can ^{6}_____.

⑬ She saves people from danger around the world.

⑭ She also makes 100 cookies per second and ^{7}_____ them _____ to hungry children.

⑮ A few days later, I ^{8}_____ my graphic novel to my friends.

Answers

1 graphic novels   2 While   3 unique   4 school cafeteria   5 After   6 fly   7 gives, away   8 showed

16 "Awesome! I love this [9]_____.

17 She's so cool," said all my friends.

18 "Guess what? I [10]_____ her on Ms. Lee, one of our cafeteria workers," I told them.

19 I showed my book to Ms. Lee. She loved it, too.

20 She also told me about her coworkers who had [11]_____ _____.

21 Ms. Park, another cafeteria worker, [12]_____ a dancing contest.

22 Mr. Kim, the janitor at our school, was once an [13]_____ _____ _____.

23 "I'd [14]_____ _____ write superhero stories about them.

24 Do you think they'll like that?" I asked Ms. Lee.

25 "[15]_____ _____ they will," she said cheerfully.

26 "Let's go and [16]_____ _____ _____ our new superhero friends."

16 "굉장해! 나는 이 슈퍼히어로가 마음에 들어.

17 그녀는 정말 멋져."라고 내 모든 친구들이 말했다.

18 "그게 있지? 나는 우리 학교 식당 직원들 중 한 분인 이 조리사님을 본떠서 그녀를 만든 거야."라고 나는 친구들에게 말했다.

19 나는 내 책을 이 조리사님께 보여드렸다. 그녀도 그것을 좋아했다.

20 그녀는 내게 특별한 재능을 가진 그녀의 동료들에 대해서도 말했다.

21 또 다른 학교 식당 직원인 박 조리사님은 춤 경연 대회에서 우승했다.

22 우리 학교 관리인인 김 선생님은 한때 모험심 있는 공원 경비원이었다.

23 "저는 그분들에 관한 슈퍼히어로 이야기를 쓰고 싶어요.

24 그분들이 그것을 좋아할까요?" 나는 이 조리사님께 물었다.

25 "당연히 좋아할 거야."라고 그녀는 쾌활하게 말했다.

26 "가서 우리의 새로운 슈퍼히어로 친구들에게 인사를 하자."

Answers

9 superhero **10** modeled **11** special talents **12** won **13** adventurous park ranger **14** like to **15** Of course
16 say hello to

[01~04] 다음 글을 읽고, 물음에 답하시오.

My name is Hojin, and I like to make graphic novels. While I was walking home from school last week, I saw a woman on a scooter. (①) She looked really ⓐ cool, and her scooter was very unique. (②)

"Are you going home, Hojin?" she said to me suddenly. (③)

"Yes, but do I know you?" I asked.

"Of course," she answered. "I see you at the school cafeteria every day." (④)

"Amazing! She looks so _____ⓑ_____ outside the school," I thought. "I should write a graphic novel about her." (⑤)

01 윗글의 밑줄 친 ⓐ cool과 같은 의미로 쓰인 것은?

① It's cool in autumn.
② Keep this in a cool dry place.
③ Do you want some cool water?
④ I think their new song is cool.
⑤ The weather is nice and cool today.

02 윗글의 ①~⑤ 중 다음 문장이 들어가기에 가장 알맞은 곳은?

Surprisingly, she was one of the cafeteria workers at school.

①   ②   ③   ④   ⑤

03 윗글의 내용과 일치하지 <u>않는</u> 것은?

① 호진이는 만화 소설 쓰는 것을 좋아한다.
② 호진이는 지난주에 학교에서 집으로 걸어가는 중에 스쿠터에 탄 한 여자를 봤다.
③ 여자의 스쿠터는 매우 독특했다.
④ 호진이는 스쿠터에 탄 여자가 누구인지 단번에 알아보았다.
⑤ 여자는 학교 식당에서 매일 호진이를 본다고 하였다.

04 윗글의 흐름상 빈칸 ⓑ에 들어갈 말로 가장 알맞은 것은?

① tired   ② upset   ③ bored
④ lonely   ⑤ different

[05~08] 다음 글을 읽고, 물음에 답하시오.

After I got home, I began to write a new graphic novel, *Lunch Lady Begins*. In it, ⓐ Lunch Lady is a superhero. (A) She rides a super scooter. It can fly. She saves people from danger around the world. ⓑ She also makes 100 cookies per second and gives them away _____(B)_____ hungry children.

A few days later, I showed my graphic novel _____(C)_____ my friends.

"Awesome! I love ⓒ this superhero. She's so cool," said all my friends.

"Guess what? I modeled ⓓ her on ⓔ Ms. Lee, one of our cafeteria workers," I told them.

05 윗글의 밑줄 친 ⓐ~ⓔ 중 가리키는 것이 나머지와 다른 하나는?

① ⓐ   ② ⓑ   ③ ⓒ   ④ ⓓ   ⑤ ⓔ

06 윗글의 밑줄 친 (A)를 관계대명사를 이용하여 한 문장으로 고쳐 쓰시오.

➡ _____

07 윗글의 빈칸 (B)와 (C)에 공통으로 들어갈 말로 가장 알맞은 것은?

① on   ② at   ③ to
④ for   ⑤ with

08 윗글을 읽고 대답할 수 없는 질문은?

① What is the title of the writer's new graphic novel?
② What can a super scooter do?
③ How many people did Lunch Lady save from danger?
④ How many cookies can Lunch Lady make in a second?
⑤ Who did the writer model Lunch Lady on?

[09~11] 다음 글을 읽고, 물음에 답하시오.

I showed my book to Ms. Lee. She loved it, too. She also told me about her coworkers _____ⓐ_____ had special talents. Ms. Park, another cafeteria worker, won a dancing contest. Mr. Kim, the janitor at our school, was once an adventurous park ranger.
"I'd like to write superhero stories about them. Do you think they'll like that?" I asked Ms. Lee.
"Of course they will," she said cheerfully. "Let's go and say hello to ⓑ our new superhero friends."

09 윗글의 빈칸 ⓐ에 알맞은 말을 한 단어로 쓰시오.

_____

10 윗글의 내용과 일치하는 것은?

① Ms. Lee는 글쓴이의 책을 좋아하지 않았다.
② Ms. Park은 학교 선생님이다.
③ Ms. Park은 노래 경연대회에서 우승한 적이 있다.
④ Mr. Kim은 전에는 놀이공원에서 조련사로 일했었다.
⑤ Ms. Lee는 글쓴이에게 자신의 동료들을 소개시켜 주려고 한다.

11 윗글의 밑줄 친 ⓑ가 가리키는 대상을 영어로 쓰시오.

➡ _____

[12~13] 다음 글을 읽고, 물음에 답하시오.

My aunt is my role model. She is smart, strong, and adventurous. In her 30s, she traveled to 70 different countries. While she was traveling, she made friends from all over the world. I want to be someone _____ ⓐ _____ just like her.

12 윗글의 제목으로 가장 알맞은 것은?

① My Talent
② My Hobby
③ My Adventure
④ My Role Model
⑤ My Travel Diary

13 윗글의 흐름상 빈칸 ⓐ에 들어갈 말로 가장 알맞은 것은?

① who is a good listener
② who always helps others
③ who is good at telling funny jokes
④ who always gives good advice to others
⑤ who is not afraid of trying new things

[14~15] 다음 글을 읽고, 물음에 답하시오.

Julia Child was a person who found her real talent in her 30s. At age 36, she moved to Paris with her husband. She attended a famous cooking school there. ⓐ While she was studying, she decided to write a cookbook. That book became a big hit.

14 윗글의 밑줄 친 ⓐ에서 생략할 수 있는 부분을 생략하여 다시 쓰시오.

_____

15 윗글에서 Julia Child에 대해 언급한 내용이 아닌 것은?

① 진정한 재능을 발견한 시기
② 파리로 이주했을 때 나이
③ 파리에서 다닌 학교 이름
④ 집필한 책의 종류
⑤ 집필한 책의 성공 여부

01 다음 짝지어진 단어의 관계가 같도록 빈칸에 알맞은 말을 쓰시오.

> power : powerful = adventure : _____

02 다음 빈칸에 공통으로 알맞은 말을 쓰시오.

> • Abraham Lincoln is my role _____.
> I want to be like him.
> • The writer is going to _____ the characters on his students.

03 다음 (A)~(D)를 자연스러운 대화가 되도록 바르게 배열한 것은?

> (A) Wow! You're good at recycling old clothes.
> (B) What are you doing?
> (C) Thanks. I like recycling. It's fun, and it's also good for our Earth.
> (D) I'm making a smart phone case out of my old jeans.

① (A) – (C) – (B) – (D)
② (A) – (D) – (B) – (C)
③ (B) – (A) – (D) – (C)
④ (B) – (C) – (D) – (A)
⑤ (B) – (D) – (A) – (C)

[04~05] 다음 대화를 읽고, 물음에 답하시오.

> Yuri: What are you doing, Jaden?
> Jaden: I'm drawing cartoons.
> Yuri: Really? Can I take a look at them?
> Jaden: No, not yet.
> Yuri: Why not? You can show me a few, can't you?
> Jaden: Well, I guess so.
> Yuri: (pause) Ha, ha, ha! Awesome! I like your cartoons. ⓐ 너는 그리기를 아주 잘하는구나. (really / good / draw)
> Jaden: Do you think so? I want to be a cartoonist, _____ⓑ_____ I don't think my drawing skills are good enough.
> Yuri: Your cartoons are really funny, _____ⓒ_____ you have unique characters. I'm sure you'll be a great cartoonist.
> Jaden: Thank you, Yuri. You just made my day.

단골 시험문제

04 위 대화의 밑줄 친 우리말 ⓐ를 괄호 안의 단어를 이용하여 영어로 옮기시오.

➡ _____

05 윗글의 빈칸 ⓑ와 ⓒ에 들어갈 말로 가장 알맞은 것은?

　　　ⓑ　　　　ⓒ
① and …… so
② but …… and
③ but …… so
④ and …… and
⑤ but …… but

06 다음 대화의 괄호 안의 주어진 말을 배열하여 문장을 완성하시오.

> A: Tomorrow is my mom's birthday. What should I do for her?
> B: Why don't you bake a cake for her? You're good at baking.
> A: That's a good idea. I hope my mom will like my cake.
> B: I'm sure _____.
> (love / it / your mom / will)

➡ _____

07 다음 글의 ①~⑤ 중 주어진 문장이 들어가기에 가장 알맞은 곳은?

> I'm also good at planning fun school activities.

> Hello, everyone. I'm Kim Yujin. (①) I want to be your class president. (②) I'm a good listener and always try to help others. (③) I'll work hard for our class, so please vote for me. (④) Thank you for listening! (⑤)

①   ②   ③   ④   ⑤

08 다음 빈칸에 들어갈 말로 알맞은 것을 모두 고르면?

> I want to be someone _____ can walk through walls.

① he   ② who   ③ that
④ what   ⑤ which

09 다음 문장의 빈칸에 들어갈 말이 순서대로 짝지어진 것은?

> • I fell asleep _____ the movie.
> • I fell asleep _____ I was watching TV.

① during – for   ② while – during
③ while – for   ④ during – while
⑤ while – while

10 다음 문장에 알맞은 관계대명사를 넣어 바르게 고쳐 쓰시오.

> Thomas Edison was the scientist invented the light bulb in 1879.

➡ _____
_____

11 다음 괄호 안의 주어진 말을 배열하여 문장을 완성하시오.

> I'm going to see a movie _____ _____. (finish / I / after / my violin lesson)

12 다음 빈칸에 들어갈 말이 순서대로 짝지어진 것은?

> • I have a bag _____ can hold a lot of books.
> • Do you know the boy _____ is playing with Jason?

① who – that
② which – who
③ that – which
④ who – who
⑤ which – which

13 다음 중 빈칸에 While이 들어가기 어색한 것은?

① _____ I was shopping, I met Lucy.
② _____ I took a shower, I went to bed.
③ _____ he was jogging, he got a call.
④ _____ Tom read a book, I watched TV.
⑤ _____ you were out, there was a phone call for you.

14 다음 중 밑줄 친 that의 쓰임이 나머지와 다른 하나는?

① Lisa has a dress that is very expensive.
② She didn't know that he was married.
③ The man that lives next door to me is a cook.
④ Kevin helped an old woman that had a heavy bag.
⑤ I want to have a car that can fly to the sky.

단골 시험문제

15 다음 대화의 밑줄 친 ①~⑤ 중 어법상 틀린 것은?

> A: Are the kids ① sleeping?
> B: ② No, they aren't. They ③ will go to bed after their mom ④ will come ⑤ home.

My name is Hojin, and I like to make graphic novels. While I was walking home from school last week, I saw a woman on a scooter. She looked really cool, and her scooter was very unique.

"Are you going home, Hojin?" she said to me suddenly.

"Yes, but do I know you?" I asked.

"Of course," she answered. "I see you at the school cafeteria every day."

ⓐ (Surprising), she was one of the cafeteria workers at school.

"Amazing! She looks so ⓑ (difference) outside the school," I thought. "I should write a graphic novel about her."

16 윗글의 밑줄 친 ⓐ와 ⓑ를 각각 알맞은 형태로 바꿔 쓰시오.

ⓐ _____ ⓑ _____

17 윗글을 읽고 답할 수 없는 질문은?

① What does Hojin like to do?

② When did Hojin see the woman on the scooter?

③ Where does the woman see Hojin every day?

④ How many cafeteria workers are there at school?

⑤ What did Hojin decide to write about?

18 윗글의 마지막 부분에 나타난 호진이의 심경으로 가장 알맞은 것은?

① sad   ② bored   ③ scared

④ excited   ⑤ worried

[19~20] 다음 글을 읽고, 물음에 답하시오.

After I got home, I began to write a new graphic novel, *Lunch Lady Begins*. (①) In it, Lunch Lady is a superhero. (②) She rides a super scooter that can fly. (③) She saves people from danger around the world. (④) And she gives them away to hungry children. (⑤)

A few days later, I showed my graphic novel to my friends.

"Awesome! I love this superhero. She's so cool," said all my friends.

"Guess what? I modeled her on Ms. Lee, ⓐ one of our cafeteria worker," I told them.

19 윗글의 ①~⑤ 중 다음 문장이 들어가기에 가장 알맞은 곳은?

She also makes 100 cookies per second.

①   ②   ③   ④   ⑤

단골 시험문제
20 윗글의 밑줄 친 ⓐ를 어법에 맞게 고쳐 쓰시오.

➡ _____

[21~23] 다음 글을 읽고, 물음에 답하시오.

I showed my book to Ms. Lee. She loved it, too. She also told me about her coworkers ① who had special talents. Ms. Park, ② other cafeteria worker, won a dancing contest. Mr. Kim, the janitor at our school, was once an ③ adventurous park ranger.
"④ I'd like to write superhero stories about them. Do you think they'll like that?" I asked Ms. Lee.
"Of course they will," she said ⑤ cheerfully. "Let's go and say hello _____ⓐ_____ our new superhero friends.

21 윗글의 ①~⑤ 중 어법상 틀린 것을 골라 바르게 고쳐 쓰시오.

_____ → _____

22 윗글의 내용과 일치하지 않는 것은?

① 글쓴이는 자신의 책을 Ms. Lee에게 보여드렸다.
② Ms. Lee에게는 특별한 재능을 가진 동료들이 있다.
③ Ms. Park은 학교 식당에서 일한다.
④ Mr. Kim은 현재 공원 관리 일을 한다.
⑤ 글쓴이는 Ms. Park과 Mr. Kim에 관한 슈퍼히어로 이야기를 쓰고 싶어 한다.

23 윗글의 빈칸 ⓐ에 들어갈 말로 가장 알맞은 것은?

① at   ② to   ③ of
④ for   ⑤ with

24 다음 글의 괄호 안에 주어진 말을 배열하여 문장을 완성하시오.

My aunt is my role model. She is smart, strong, and adventurous. In her 30s, she traveled to 70 different countries. While she was traveling, she made friends from all over the world. I want to be someone _____ just like her.
(is / of / trying / afraid / who / not / new things)

_____

25 다음 (A)~(D)를 자연스러운 글이 되도록 바르게 배열하시오.

Julia Child was a person who found her real talent in her 30s.
(A) That book became a big hit.
(B) At age 36, she moved to Paris with her husband.
(C) While she was studying, she decided to write a cookbook.
(D) She attended a famous cooking school there.

_____ - _____ - _____ - _____

서술형 평가

01 다음 보기 에서 알맞은 말을 골라 관계대명사가 이끄는 절을 완성하시오.

> 보기
> • drives a bus   • lives in the sea
> • reports the news

(1) A reporter is someone _____
_____.

(2) A bus driver is a person _____
_____.

(3) A whale is a large animal _____
_____.

02 그림을 보고, 대화의 빈칸에 알맞은 말을 쓰시오.

Becky   John

> John: What are you good at, Becky?
> Becky: I'm good at (1) _____.
>   What about you?
> John: Well, I'm (2) _____
>   _____.

03 다음 대화의 흐름상, 빈칸에 '확신'의 표현을 괄호 안에 주어진 말을 이용하여 쓰시오.

> A: I have to give a speech in English. I'm
>   so nervous.
> B: Don't worry. Practice your speech in
>   front of your family. I'm _____
>   _____. (sure / a good job)
> A: Thank you. I'll try.

04 다음 보기 에서 알맞은 접속사를 골라 두 문장을 한 문장으로 고쳐 쓰시오.

> 보기
> after   while

(1) Jenny was cooking lunch. She was
   listening to the radio at the same time.
   ➡ _____,
   she listened to music.

(2) Tony played soccer. Then he took a
   shower.
   ➡ _____
   _____

05 다음 글을 읽고, 물음에 답하시오.

> After I got home, I began to write a new
> graphic novel, *Lunch Lady Begins*. In it,
> Lunch Lady is a superhero. She rides a
> super scooter. The super scooter can fly.
> She saves people from danger around the
> world. She also makes 100 cookies per
> second and gives them away to hungry
> children.

> 조건
> 1. 주어와 동사를 갖춘 완전한 문장으로 답할 것.
> 2. 관계대명사를 사용하여 한 문장으로 쓸 것.

> Q: What does Lunch Lady ride?
> A: _____
>   _____

Where Do People Live?

의사소통 표현

- 의향 묻고 답하기
  A: What kind of house do you want to live in?
  B: I want to live in a cave house.
- 위치 묻고 답하기
  A: Where can I find men's hats?
  B: You can find them on the first floor.

언어 형식

- 현재완료
  People **have built** wooden houses for a long time.
- each+단수명사
  Each house **is** big enough for a whole village.

읽기 소재

- 세계의 다양한 지붕들

Vocabulary

Words

- avoid[əvɔ́id] 피하다, 방지하다
- century[séntʃəri] 100년, 세기
- collector[kəléktər] 징수원, 수집가
  + collect 수집하다
- cone[koun] 원뿔, 뿔체
- dining room 식당
- enemy[énəmi] 적, 적군, 원수
- essential[isénʃəl] 필수의, 가장 중요한
- floor[flɔ́ːr] 층, 바닥
- forest[fɔ́ːrist] 숲
- guesthouse[gésthàus] 게스트 하우스
- harmony[háːrməni] 조화
- mall[mɔːl] 쇼핑몰
- meal[miːl] 식사
- nature[néitʃər] 자연
- protect[prətékt] 보호하다, 지키다, 막다

- roof[ruːf] 지붕, 옥상, 꼭대기
- shaped[ʃeipt] ~의 모양의
  + shape 모양
- southern[sʌ́ðərn] 남쪽의, 남부의
  ↔ northern 북쪽의, 북부의
- storage[stɔ́ːridʒ] 저장, 보관
  + store 저장하다, 보관하다
- story[stɔ́ːri] (건물의) 층
- tax[tæks] 세금
- thousand[θáuzənd] 천
- unique[juːníːk] 독특한, 특별한
- view[vjuː] 전망, 시야
- village[vílidʒ] 마을, 촌락
- whole[houl] 전부의, 전체의, 전체, 전부
- without[wiðáut] ~ 없이, ~을 가지지 않고
- wooden[wúdn] 나무로 된

Phrases

- cover A with B A를 B로 덮다
- give it a try 시도해 보다
- in harmony with ~와 조화를 이루어
- look for ~을 찾다
- look like ~처럼 보이다

- next to ~의 옆에
- pile up 쌓아 올리다
- protect A from B A를 B로부터 보호하다
- take down (구조물을 해체하여) 치우다,
  무너뜨리다

Vocabulary Check-up
영어는 우리말로, 우리말은 영어로 쓰시오.

(1) 원뿔, 뿔체 _____

(2) 지붕, 옥상, 꼭대기 _____

(3) 피하다, 방지하다 _____

(4) 쌓아 올리다 _____

(5) ~의 옆에 _____

(6) essential _____

(7) without _____

(8) storage _____

(9) protect _____

(10) take down _____

Vocabulary Practice

바른답·알찬풀이 p.8

A 다음 중 짝지어진 단어의 관계가 나머지와 <u>다른</u> 하나는?

① house : roof　　　　② animal : goat

③ nature : forest　　　④ clothes : jeans

⑤ northern : southern

B 다음 빈칸에 공통으로 들어갈 알맞은 말을 쓰시오.

> • It's a two-_____ building. It has a bakery on the first floor, and a cafe on the second floor.
> • Grandma told me an interesting _____.

_____

C 다음 설명에 해당하는 단어로 가장 알맞은 것은?

> the money that you must pay the government, based on how much you earn, what you buy, where you live, etc.

① tax　　　　　　　② view　　　　　　　③ storage

④ essential　　　　⑤ collector

D 다음 그림을 보고, 빈칸에 알맞은 말을 쓰시오.

> This doll is made of (1) _____.
> = This is a (2) _____ doll.

E 다음 우리말에 맞도록 빈칸에 알맞은 말을 쓰시오.

> 그들은 텐트를 해체한 후 그 장소를 떠났다.
> ➡ They _____ _____ the tent and left the place.

Words

jeans 청바지

bakery 빵집
cafe 카페
interesting 재미있는

pay 지불하다
government 정부
based on ~에 근거하여
earn 돈을 벌다

be made of
~으로 만들어지다

leave 떠나다(left-left)

Expressions

1 의향 묻고 답하기

> A **What kind of** house **do you want to** live in?   너는 어떤 종류의 집에 살고 싶니?
> B **I want to** live in a cave house.   나는 동굴 집에 살고 싶어.
>
> ✚ 선호하는 것이 무엇인지 의향을 물을 때는 What kind of ~ do you want to ...?를 사용하며 '너는 어떤 종류의 ~을 …하고 싶니?'라는 뜻을 나타낸다. 이에 대한 대답은 I want to ...로 하며 '나는 …을 하고 싶어.'의 뜻을 나타낸다.

▶ Useful Expressions

- What kind of pet do you want to have?   너는 어떤 종류의 애완동물을 기르고 싶니?
  - — I want to have a pet dog.   나는 애완견을 기르고 싶어.
- What kind of sports do you like?   너는 어떤 종류의 운동을 좋아하니?
  - — I like soccer.   나는 축구가 좋아.
- What kind of room would you like?   어떤 종류의 방을 원하시나요?
  - — I'd like a room with a garden view.   저는 정원 전망의 방을 원해요.

2 위치 묻고 답하기

> A Excuse me, **where can I find** men's hats?   실례합니다. 남성용 모자는 어디에서 찾을 수 있을까요?
> B **You can find** them on the first floor.   1층에서 찾으실 수 있어요.
>   They're next to the elevator.   그것은 승강기 옆에 있어요.
>
> ✚ 위치를 물을 때는 Where can I find ~?를 사용하며 '~는 어디서 찾을 수 있나요?'라는 뜻을 나타낸다. 이에 대한 대답은 「You can find ~+위치를 나타내는 부사구」로 하며 '…에서 ~를 찾으실 수 있어요.'라는 뜻을 나타낸다.

▶ Useful Expressions

- Where can I find children's shoes?   아동용 신발은 어디에서 찾을 수 있을까요?
  - — You can find them on the second floor.   2층에서 찾으실 수 있어요.
- Where can I find the nearest subway station?   가장 가까운 지하철역은 어디에 있나요?
  - — There is a subway station right across from this building.   이 건물 바로 건너편에 지하철역이 있어요.
- Where is the bathroom?   욕실은 어디에 있나요?
  - — It's on the first floor, next to the front door.   1층에 현관 옆에 있어요.

Words

rap music 랩 음악

A 다음 대화의 빈칸에 들어갈 말로 가장 알맞은 것은?

> **A:** _____
>
> **B:** I want to listen to rap music.

① Have you ever heard rap music?

② What is your favorite rap music?

③ What kind of music are you listening to?

④ What kind of music would you like to make?

⑤ What kind of music do you want to listen to?

B 다음 그림을 보고, 대화의 빈칸에 알맞은 말을 쓰시오.

> **A:** Where is the kitchen?
>
> **B:** It's on the _____ floor, _____ _____ the bathroom.

mall 쇼핑몰
on the fifth floor 5층에

C 다음 (A)~(E)를 자연스러운 대화가 되도록 배열할 때, 네 번째로 오는 것은?

> (A) Yes. What kind of food would you like?
>
> (B) There is a great Chinese restaurant on the fifth floor.
>
> (C) Excuse me, is there a restaurant in this mall?
>
> (D) I'd like Chinese food.
>
> (E) Thank you.

① (A) ② (B) ③ (C) ④ (D) ⑤ (E)

piano-shaped
피아노 모양의

D 다음 대화의 밑줄 친 우리말을 괄호 안의 말을 이용하여 영어로 옮기시오.

> **A:** <u>너는 어떤 종류의 집에 살고 싶니?</u> (kind / want / live)
>
> **B:** I like music, so I want to live in a piano-shaped house.

➡ _____

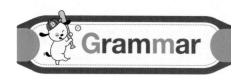

Grammar

1 현재완료

> People **have built** wooden houses for a long time.　사람들은 오랫동안 나무로 된 집을 지어 왔다.
>
> He **has lived** in this town since he was seven.　그는 7살 때부터 이 마을에 살아 왔다.
>
> **Have** you ever **seen** a goat on the roof of a house?　당신은 집의 지붕 위에서 염소를 본 적이 있나요?

(1) **형태와 쓰임:** 현재완료는 「have / has+과거분사」의 형태로, 과거에 시작된 동작이나 사실이 현재까지 계속되거나 영향을 미칠 때 쓴다.

(2) **현재완료의 4가지 용법**

현재완료	의미	함께 잘 쓰이는 부사
완료	(과거에 시작되어 지금 막/벌써/이미) ~했다	just, already, yet 등
경험	(과거부터 현재까지) ~한 적이 있다	ever, never, once, before 등
계속	(과거부터 지금까지 계속) ~해 왔다	for, since 등
결과	(과거에 ~해서 그 결과 현재) ~하다	

① The bus **has** just **left**. 버스가 막 떠났다. 〈완료〉

② She **has been** to New York twice. 그녀는 뉴욕에 두 번 가 본 적이 있다. 〈경험〉

③ I **have known** him for ten years. 나는 그를 10년간 알고 지내 왔다. 〈계속〉

④ Tony **has lost** his bike. Tony는 자전거를 잃어버려서 지금 갖고 있지 않다. 〈결과〉

　= Tony lost his bike and he still doesn't have it now.

(3) **의문문과 부정문**

현재완료	의문문	부정문
형태	Have(Has)+주어+과거분사 ~?	주어+haven't(hasn't)+과거분사 ~.

- I **haven't seen** you for a long time. 나는 너를 오랫동안 보지 못했다.
- **Have** you **been** to China? 중국에 가 본 적이 있니?

(4) 현재완료는 yesterday, 「last week / month / year」, ~ ago, 「in+연도」 등 과거의 한 시점을 나타내는 부사(구)와 의문사 when과는 함께 쓸 수 없다.

　I **have made** a big mistake *yesterday*. (×) → I **made** a big mistake *yesterday*. (○)

2 each+단수명사

> **Each** house **is** big enough for a whole village.　각각의 집은 전체 마을이 들어갈 만큼 충분히 크다.
>
> **Each** person **has** different strengths.　각 사람은 다른 강점을 갖고 있다.

(1) **의미:** '각(각의) ~'라는 의미로, 둘 이상의 사람 또는 사물을 개별적으로 지칭할 때 사용한다. 단수명사와 함께 쓰이며 단수 취급한다.

　Each student has his own computer. 각각의 학생들은 자신의 컴퓨터를 갖고 있다.
　　단수명사 단수동사

A 다음 괄호 안에서 알맞은 것을 고르시오.

(1) I have (find / found) my cell phone.

(2) My mom (has / have) been to Japan.

(3) They (met / have met) at a party two months ago.

B 다음 우리말을 영어로 바르게 옮긴 것은?

각 방에는 화장실이 있습니다.

① Each rooms have bathrooms.

② Each room has a bathroom.

③ Each rooms has a bathroom.

④ Each room have a bathroom.

⑤ Each rooms have a bathroom.

C 다음 문장을 괄호 안의 지시대로 바꿔 쓰시오.

(1) I have tried Thai food before. (부정문으로)

➡ _____ .

(2) He has ridden an elephant before. (의문문으로)

➡ _____ .

D 다음 두 문장이 같은 뜻이 되도록 빈칸에 알맞은 말을 쓰시오.

My dad began to work for the bank 20 years ago, and he still works for the bank.

= My dad (1)_____ for the bank (2)_____ 20 years.

E 다음 중 어법상 틀린 문장은?

① Each dog has its day.

② Each girl was wearing glasses.

③ Have you ever driven a car before?

④ When has she finished her homework?

⑤ How long have you studied Chinese?

Words

find 찾다 (found-found)

bathroom 화장실

Thai 태국의
ride 타다 (rode-ridden)

bank 은행
still 아직도

다음 우리말을 참고하여 교과서 본문을 완성해 봅시다.

Roofs Around the World

세계의 지붕들

잔디 지붕

Grass Roofs

❶ 집의 지붕 위에 있는 염소를 본 적 있는가?

❷ 노르웨이에서 우리는 지붕 위에 있는 동물들을 볼 수 있다.

❸ 노르웨이에는 큰 숲들이 있다.

❹ 자연과 조화를 이루면서 사람들은 오랜 시간 동안 나무로 된 집을 지어 왔다.

❺ 튼튼하고 따뜻한 집을 짓기 위해 그들은 지붕을 잔디로 덮었다.

❻ 잔디 지붕은 그들을 길고 추운 겨울과 강한 바람으로부터 보호한다.

❼ 때때로 나무나 식물들이 잔디 지붕에서 자라나고, 몇몇 동물들은 그곳에서 식사를 즐긴다.

❶ ¹_____ you ever _____ a goat on the roof of a house?

❷ In Norway, we can ²_____ _____ on roofs.

❸ Norway has large forests.

❹ ³_____ _____ _____ nature, people have built wooden houses for a long time.

❺ To build strong and warm houses, they cover their roofs with grass.

❻ The grass roofs ⁴_____ them _____ the long cold winters and strong winds.

❼ Sometimes, trees or plants ⁵_____ _____ _____ the grass roofs, and some animals enjoy their meals there.

원뿔 모양의 지붕

Cone-shaped Roofs

❽ 지붕은 집의 필수적인 부분이지만, 오래전 어떤 사람들은 단지 지붕을 쉽게 부수기 위해 지었다.

❾ 수백 년 전 남부 이탈리아에서는, 지붕이 없는 집을 가진 사람들이 더 적은 세금을 냈다.

❽ A roof is an essential part of a house, but long ago some people built roofs only to ⁶_____ them _____ easily.

❾ Centuries ago in southern Italy, people who had a house without a roof paid ⁷_____ _____.

---

⑩ To avoid high taxes on their houses, some people built cone-shaped roofs by [8] _____ _____ stones.

⑪ When tax collectors came to the town, people took their roofs down quickly.

⑫ After the tax collectors left, they piled up the stones again.

Big Round Roofs

⑬ From the sky in a part of southern China, you can see round roofs that [9] _____ _____ big doughnuts.

⑭ They are the roofs of the big round houses of the Hakka people.

⑮ They [10] _____ _____ in houses like these for about a thousand years to protect themselves from enemies.

⑯ The houses have only one gate [11] _____ any windows on the first floor.

⑰ [12] _____ _____ is big [13] _____ _____ a whole village.

⑱ It usually has four [14] _____.

⑲ It has kitchens on the first floor, storage rooms on the second floor, and living rooms and bedrooms on the third and fourth floors.

⑩ 집에 부과되는 높은 세금을 피하기 위해서, 어떤 사람들은 돌을 쌓아 올려 원뿔 모양의 지붕을 지었다.

⑪ 세금 징수원들이 마을에 오면, 사람들은 재빨리 지붕을 무너뜨렸다.

⑫ 세금 징수원들이 떠나면, 그들은 다시 돌을 쌓아 올렸다.

크고 둥근 지붕

⑬ 중국 남부 일부 지역의 하늘에서 보면, 큰 도넛처럼 생긴 둥근 지붕을 볼 수 있다.

⑭ 그것들은 하카족의 크고 둥근 집의 지붕이다.

⑮ 그들은 적들로부터 자신을 보호하기 위해 약 천 년간 이와 같은 집에 살아 왔다.

⑯ 그 집들은 1층에 창문이 없이 오직 하나의 출입문만 있다.

⑰ 각각의 집은 전체 마을이 들어갈 만큼 충분히 크다.

⑱ 집은 대개 4개의 층이 있다.

⑲ 그것은 1층에는 부엌이, 2층에는 창고가, 3층과 4층에는 거실과 침실이 있다.

Answers

8 piling up   9 look like   10 have lived   11 without   12 Each house   13 enough for   14 stories

[01~03] 다음 글을 읽고, 물음에 답하시오.

Have you ever seen a goat on the roof of a house? In Norway, we can see animals on roofs. Norway has large forests. In harmony ____ⓐ____ nature, people have built wooden houses for a long time. To build strong and warm houses, they cover their roofs with grass. The grass roofs protect them ____ⓑ____ the long cold winters and strong winds. Sometimes, trees or plants grow out of the grass roofs, and some animals enjoy their meals there.

01 윗글의 빈칸 ⓐ와 ⓑ에 들어갈 말이 순서대로 짝지어진 것은?

① with – for
② for – for
③ with – from
④ for – with
⑤ with – with

02 윗글을 읽고 답할 수 <u>없는</u> 질문은?

① What can be seen on roofs in Norway?
② What kind of house have people in Norway built for a long time?
③ Why do people in Norway cover their roofs with grass?
④ What kind of trees and plants grow out of the grass roof?
⑤ What do the animals do on the grass roof?

03 윗글의 제목으로 알맞은 두 단어를 본문에서 찾아 쓰시오.

_____

[04~07] 다음 글을 읽고, 물음에 답하시오.

A roof is an essential part of a house, but long ago some people built roofs only to ____ⓐ____. Centuries ago in southern Italy, people who had a house without a roof paid lower taxes. To avoid high taxes on their houses, some people built cone-shaped roofs by ⓑ (pile) up stones. When tax collectors came to the town, people took their roofs down quickly. After the tax collectors left, they piled up the stones again.

04 윗글의 흐름상 빈칸 ⓐ에 가장 알맞은 말은?

① pile them up easily
② take them down easily
③ make their houses look nice
④ protect themselves from the sun
⑤ prepare for enemy attack

05 윗글의 동사 ⓑ (pile)을 알맞은 형태로 쓰시오.

_____

06 윗글의 내용과 일치하도록 빈칸에 알맞은 말을 쓰시오.

Centuries ago in southern Italy, some people built _____-shaped roofs because they wanted to pay _____ taxes on their houses.

07 윗글의 내용과 일치하는 것은?

① 지붕은 집의 선택적인 부분이다.

② 수백 년 전 남부 이탈리아에서는 집에 세금을 부과하지 않았다.

③ 원뿔 모양의 지붕은 나무를 쌓아 만들었다.

④ 세금 징수원들이 오면, 마을 사람들은 재빨리 마을을 떠났다.

⑤ 세금 징수원들이 떠나면, 마을 사람들은 지붕을 다시 쌓았다.

[08~10] 다음 글을 읽고, 물음에 답하시오.

From the sky in a part of southern China, you can see round roofs that look like big doughnuts. ⓐThey are the roofs of the big round houses of the Hakka people. ⓑThey have lived in houses like these (A) for / since about a thousand years to protect (B) them / themselves from enemies. The houses have only one gate without any windows on the first floor. Each house (C) is / are big enough for a whole village. It has kitchens on the first floor, storage rooms on the second floor, and living rooms and bedrooms on the third and fourth floors.

08 윗글의 밑줄 친 ⓐThey와 ⓑThey가 각각 가리키는 것을 본문에서 찾아 쓰시오.

ⓐ _____

ⓑ _____

09 윗글의 (A), (B), (C)의 각 네모 안에서 어법에 맞는 표현으로 가장 알맞은 것은?

	(A)	(B)	(C)
①	for	them	is
②	since	themselves	are
③	for	them	are
④	since	them	is
⑤	for	themselves	is

10 윗글의 내용과 일치하지 <u>않는</u> 것은?

① 하카족의 집 지붕은 하늘에서 보면 큰 도넛처럼 생겼다.

② 하카족은 적들로부터 자신들을 보호하기 위해 천 년 동안 크고 둥근 집에서 살아왔다.

③ 하카족의 집 1층에는 창문과 출입문이 각각 하나씩 있다.

④ 하카족의 각각의 집은 전체 마을이 들어갈 만큼 충분히 크다.

⑤ 하카족의 집은 대체로 1층에는 부엌이, 2층에는 창고가, 3층과 4층에는 거실과 침실이 있다.

11 다음 글을 읽고 알 수 <u>없는</u> 것을 <u>모두</u> 고르면?

Fine dust has been a big problem in the spring. We designed a roof that has a small garden with trees and many other plants. This garden will give us fresh air.

① 지붕의 모습 ② 지붕의 장점

③ 지붕의 단점 ④ 미세먼지의 원인

⑤ 지붕을 설계한 이유

[12~13] 다음 글을 읽고, 물음에 답하시오.

(①) Sejong National Library is in Sejong, Korea. (②) It is a four-story building that looks like an open book. (③) It has about 400 thousand books on the first and second floors and a large cafeteria on the top floor. (④) Since then, many people have visited this unique building. (⑤)

12 윗글의 ①~⑤ 중 다음 문장이 들어가기에 가장 알맞은 곳은?

It opened in 2013.

①   ②   ③   ④   ⑤

13 세종국립도서관에 대한 설명으로 윗글의 내용과 일치하지 않는 것은?

① 4층 건물이다.
② 꼭대기 층에는 큰 식당이 있다.
③ 건물의 모양이 펼쳐진 책과 같다.
④ 약 400만 권의 책을 보유하고 있다.
⑤ 많은 사람들이 방문한다.

[14~15] 다음 글을 읽고, 물음에 답하시오.

In Granada, Spain, some people ⓐ have lived in cave houses for a long time. The weather in this place is very hot in the summer and cold in the winter. It's not too cold or hot in cave houses.

14 Which is the best title of the passage above?

① The Weather in Granada
② The Cave Houses in Granada
③ The History of Granada, Spain
④ Many Kinds of Houses in Spain
⑤ Different Houses in the World

15 다음 밑줄 친 부분 중 윗글의 밑줄 친 ⓐ와 같은 용법으로 쓰인 것은?

① He has lost his camera.
② They have been friends for years.
③ He has been to China three times.
④ She hasn't finished the report yet.
⑤ I have never heard such a silly story.

바른답·알찬풀이 p.10

01 다음 설명에 해당하는 단어는?

> someone who hates you and wants to harm you

① avoid 　② enemy 　③ protect

④ collector 　⑤ harmony

02 다음 빈칸에 들어갈 말이 순서대로 짝지어진 것은?

> • Cover your face _____ your hands.
> • Sunglasses protect your eyes _____ the sun.

① of – for 　　　② with – with

③ of – from 　　④ with – from

⑤ of – with

03 다음 우리말에 맞도록 빈칸에 알맞은 단어를 쓰시오.

> 인간은 자연과 조화를 이루며 살아야 한다.
> = Humans should live in _____ _____ nature.

04 그림을 보고, 밑줄 친 문장에서 잘못된 정보를 고쳐 다시 쓰시오.

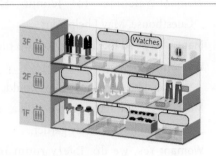

W: Can I help you?

M: I'm looking for watches. Where can I find them?

W: They're on the second floor, next to the elevator.

M: Thank you.

_____

_____

05 다음 (A)~(D)를 자연스러운 대화가 되도록 바르게 배열한 것은?

> (A) Look at this house in the picture. It looks like a big shoe!
> (B) Well, I want to live in an airplane-shaped house.
> (C) What kind of house do you want to live in?
> (D) Oh, it's very unique, but I don't want to live in a shoe.

① (A) – (C) – (B) – (D)

② (A) – (D) – (C) – (B)

③ (C) – (A) – (D) – (B)

④ (C) – (D) – (A) – (B)

⑤ (C) – (D) – (B) – (A)

다음 대화를 읽고, 물음에 답하시오.

> **Woman:** Welcome to Jeonju Hanok Guesthouse. May I help you?
> **Man:** Yes, I'd like a room for two nights.
> **Woman:** Well, _____ ⓐ _____ ?
> (you, like, of, what, room, would, kind)
> **Man:** Do you have a room with a garden view? You have a lovely garden.
> **Woman:** Yes, we do. Every room in our house has a garden view, but there are no beds in the rooms.
> **Man:** Do I have to sleep on the floor?
> **Woman:** Yes, you do.
> **Man:** O.K. I'll give it a try. _____ ⓑ _____ can I have breakfast?
> **Woman:** You can have breakfast in the dining room, next to the kitchen.
> **Man:** I see.
> **Woman:** O.K. You're in the Nabi room. Here's your key.
> **Man:** Thank you.

단골 시험문제

06 위 대화의 빈칸 ⓐ에 괄호 안의 단어를 바르게 배열하여 문장을 완성하시오.

➡ _____

07 위 대화의 빈칸 ⓑ에 들어갈 말로 알맞은 것은?

① How   ② When   ③ What
④ Where   ⑤ With whom

08 Which of the following is NOT true?

① The guesthouse has a beautiful garden.
② The man wants to stay in the guesthouse for two nights.
③ The Nabi room has a bed in it.
④ All the rooms in the guesthouse have a garden view.
⑤ The dining room is next to the kitchen.

09 다음 우리말에 맞도록 빈칸에 들어갈 말로 가장 알맞은 것은?

> 그는 지난달부터 스페인어를 공부하고 있다.
> = He _____ Spanish since last month.

① study   ② studies
③ studied   ④ has studied
⑤ have studied

10 다음 빈칸에 들어갈 말로 알맞은 것을 모두 고르면?

> I have stayed at the hotel _____.

① twice   ② before
③ last summer   ④ in May
⑤ ten years ago

11 다음 우리말에 맞도록 빈칸에 알맞은 말을 쓰시오.

> 각 층에는 다섯 개의 교실이 있습니다.
> = Each _____ _____ five classrooms.

12 다음 우리말을 영어로 바르게 옮긴 것은?

> 그녀는 프랑스에 세 번 다녀온 적이 있다.

① She has be to France three times.
② She has go to France three times.
③ She has went to France three times.
④ She has been to France three times.
⑤ She has gone to France three times.

13 다음 중 밑줄 친 부분의 쓰임이 보기 와 같은 것은?

> 보기
> I have seen the movie before.

① He has lost his cellphone.
② The man has worked all day.
③ Have you ever eaten tacos?
④ She has wanted to be a singer.
⑤ They haven't finished the report yet.

14 다음 대화의 밑줄 친 ①~⑤ 중 어법상 틀린 부분을 골라 바르게 고쳐 쓰시오.

> A: ① Where is Sally? I ② haven't seen her ③ recently.
> B: She ④ is absent from school ⑤ with a cold for three days.

_____ → _____

단골 시험문제

15 다음 중 어법상 옳은 문장의 개수는?

> ⓐ Each days are a gift from God.
> ⓑ How long have you drove this car?
> ⓒ We have visited Tokyo in 2016.
> ⓓ He has been not well these days.
> ⓔ Each person has a different taste.

① 1개　② 2개　③ 3개　④ 4개　⑤ 5개

[16~18] 다음 글을 읽고, 물음에 답하시오.

Have you ever seen a goat on the roof of a house? In Norway, we can see animals on roofs. Norway has large forests. In harmony with nature, people have built ⓐ sand/wooden houses for a long time. To build strong and ⓑ warm/cool houses, they cover their roofs with grass. The grass roofs protect them from the long cold winters and strong winds. Sometimes, trees or plants grow out of the grass roofs, and some animals enjoy their meals there.

16 윗글의 흐름상 ⓐ와 ⓑ의 네모 안에서 각각 알맞은 말을 골라 쓰시오.

ⓐ _____ ⓑ _____

17 윗글의 내용과 일치하지 <u>않는</u> 것은?

① 노르웨이에는 큰 숲들이 있다.
② 노르웨이에서는 지붕 위에 있는 동물들을 볼 수 있다.
③ 노르웨이는 겨울이 짧지만 춥고, 바람도 강하게 분다.
④ 때때로 나무나 식물들이 잔디 지붕에서 자라난다.
⑤ 몇몇 동물들은 지붕에서 식사를 즐긴다.

18 윗글의 내용을 바탕으로 다음 질문에 답하시오.

Q: What do the grass roofs do?

_____
_____

[19~21] 다음 글을 읽고, 물음에 답하시오.

A roof is an essential part of a house, ___ⓐ___ long ago some people built roofs only to ① take them down easily. Centuries ago in southern Italy, ② people had a house without a roof paid lower taxes. ③ To avoid high taxes on their houses, some people built cone-shaped roofs ④ by piling up stones. When tax collectors came to the town, people took their roofs down quickly. After the tax collectors left, they ⑤ piled up the stones again.

19 윗글의 빈칸 ⓐ에 들어갈 말로 알맞은 것은?

① or   ② so   ③ and
④ but   ⑤ then

20 윗글의 ①~⑤ 중 어법상 틀린 것을 골라 바르게 고쳐 쓰시오.

➡ _____
_____

21 윗글을 읽고 알 수 <u>없는</u> 것은?

① 원뿔 모양 지붕의 집이 지어진 지역
② 원뿔 모양 지붕의 집이 지어진 시기
③ 원뿔 모양 지붕의 집이 지어진 이유
④ 원뿔 모양 지붕에 부과된 세금 액수
⑤ 원뿔 모양 지붕의 집이 지어진 방법

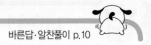

[22~23] 다음 글을 읽고, 물음에 답하시오.

From the sky in a part of southern China, you can see round roofs that look like big doughnuts. They are the roofs of the big round houses of the Hakka people. (①) They have lived in houses like these for about a thousand years to protect themselves from enemies. (②) The houses have only one gate without any windows on the first floor. (③) Each house is big enough for a whole village. (④) It has kitchens on the first floor, storage rooms on the second floor, and living rooms and bedrooms on the third and fourth floors. (⑤)

22 윗글의 ①~⑤ 중 다음 문장이 들어가기에 가장 알맞은 곳은?

It usually has four stories.

①   ②   ③   ④   ⑤

23 Which is NOT correct about the houses of the Hakka people?

① The roofs look like big doughnuts.
② The Hakka people have lived in houses like these for about a thousand years.
③ The houses are designed to protect the Hakka people from the cold.
④ The houses have no windows on the first floor.
⑤ Each house is so big that it can hold a whole village.

[24~25] 다음 글을 읽고, 물음에 답하시오.

Sejong National Library is in Sejong, Korea. It is a four-story building that looks like an open book. It has about 400 thousand books on the first and second floors and a large cafeteria on the top floor. It has opened in 2013. Since then, many people have visited this unique building.

24 윗글에서 어법상 틀린 부분을 한 군데 찾아 바르게 고쳐 쓰시오.

_____ → _____

25 Which CANNOT be answered about Sejong National Library?

① Where is the building located?
② What does the building look like?
③ How many people visit the library a day?
④ What is at the top floor of the building?
⑤ How many books are there on the first and second floors?

서술형 평가

01 다음 그림을 보고, 이를 묘사하는 글에서 어법상 틀린 세 문장을 찾아 각각 바르게 고쳐 쓰시오.

> There are four tables in the restaurant. Each table are round. Each women have long hair. Each men are wearing glasses.

(1) _____

(2) _____

(3) _____

02 다음 그림을 보고, 대화의 빈칸에 알맞은 말을 쓰시오.

> A: What kind of house do you want to build?
>
> B: I want to build a _____-story house that looks like a _____.
>
> A: Where is the kitchen?
>
> B: It's on the _____ floor.

03 다음 대화의 괄호 안에 주어진 말을 배열하여 문장을 완성하시오.

> A: (what / you / would / kind / room / like / of)?
>
> B: I'd like a room with an ocean view.
>
> A: O.K. Do you need anything else?
>
> B: Where can I find some tour information?
>
> A: There are some guide books near the entrance.

_____

04 다음 두 문장을 for 또는 since를 이용하여 한 문장으로 쓰시오.

(1) Paul became sick on Wednesday. He is still sick.

➡ _____

(2) We became friends five years ago. We are still friends.

➡ _____

05 다음 글을 읽고, 주어진 질문에 접속사 since를 이용하여 대답을 완성하시오.

> In Granada, Spain, some people have lived in cave houses for a long time. The weather in this place is very hot in the summer and cold in the winter. It's not too cold or hot in cave houses.

> Q: Why have some people in Granada lived in cave houses?
>
> A: They have lived in cave houses _____
>
> _____

My Travel, My Way

- 경험 묻고 답하기
  A: Have you ever eaten pancakes?
  B: Yes, I have.
- 날씨 묻고 답하기
  A: How's the weather in London in March?
  B: It's rainy and cool.

언어 형식

- to부정사의 형용사적 용법
  A B&B is a popular place **to stay** in England.
- 가주어 it ~ to부정사
  It was just amazing **to see** the ring of huge stones.

읽기 소재

- 여행지에서 쓴 그림일기

Vocabulary

- **actually**[ǽktʃuəli] 사실은, 정말로
- **admire**[ædmáiər] 존경하다, 감탄하며 바라보다
- **appear**[əpíər] 나타나다 ↔ disappear 사라지다
- **avatar**[ǽvətɑːr] 아바타
- **B&B**(Bed-and-Breakfast)
  아침 식사를 제공하는 숙박 시설
- **bungee jumping** 번지점프
- **capture**[kǽptʃər] 잡다, 포착하다
- **college**[kálidʒ] (단과) 대학
- **expect**[ikspékt] 예상하다, 기대하다
- **finally**[fáinəli] 마침내, 결국 ≒ at last
- **foreign**[fɔ́ːrən] 외국의
- **graduate**[grǽdʒuèit] 졸업하다
- **hall**[hɔːl] 홀, 회관
- **huge**[hjuːdʒ] 거대한
- **Indian**[índiən] 인도(인)의, 인도인
- **indoors**[indɔ́ːrz] 실내에서
  ↔ outdoors 건물 밖에서, 옥외에서
- **journal**[dʒə́ːrnl] 일기 ≒ diary

- **moment**[móumənt] 순간
- **mysterious**[mistíəriəs] 신비한
  ＋mystery 신비, 불가사의의
- **object**[ábdʒikt] 물건, 사물
- **owner**[óunər] 주인, 소유자
  ＋own 소유하다; 자기 자신의
- **pack**[pæk] 짐을 싸다(챙기다)
- **perfect**[pə́ːrfikt] 완벽한
- **plate**[pleit] 접시, 그릇
- **portrait**[pɔ́ːrtrit] 초상화
- **quite**[kwait] 꽤, 상당히 cf. quiet 조용한
- **remain**[riméin] 여전히 ~이다, 남아 있다
- **scary**[skέəri] 무서운, 겁나는
- **simple**[símpl] 단순한, 간단한
- **temple**[témpl] 절, 사원
- **traditional**[trədíʃənl] 전통적인
  ＋tradition 전통
- **university**[jùːnəvə́ːrsəti] (종합) 대학
- **weather forecast** 일기예보

- **at last** 마침내
- **be busy -ing** ~하느라 바쁘다
- **be full of** ~으로 가득 차다 ≒ be filled with
- **can't wait to** ~를 몹시 바라다

- **set foot** 들어서다, 발을 들여놓다
- **thousands of** 수천의
- **get into** ~에 들어가다 ≒ enter
- **go on a vacation** 휴가를 가다

Vocabulary Check-up 영어는 우리말로, 우리말은 영어로 쓰시오.

(1) 거대한 _____

(2) 잡다, 포착하다 _____

(3) 여전히 ~이다, 남아 있다 _____

(4) 일기 _____

(5) 마침내 _____

(6) expect _____

(7) mysterious _____

(8) simple _____

(9) set foot _____

(10) get into _____

Vocabulary Practice

바른답·알찬풀이 p.13

Words

A 다음 빈칸에 주어진 철자로 시작하는 단어를 쓰시오.

> She g_____ from Harvard University last year.

university 대학

B 다음 중 짝지어진 단어의 관계가 나머지와 다른 하나는?

① heavy : light   ② sad : happy

③ indoors : outdoors   ④ huge : large

⑤ appear : disappear

light 가벼운
large 큰

C 다음 영영풀이에 해당하는 단어는?

> a painting, drawing, or photograph of a person

① foreign   ② owner   ③ journal   ④ capture   ⑤ portrait

painting 그림
drawing 그림, 소묘
photograph 사진
person 사람

D 다음 대화의 빈칸에 알맞은 말을 주어진 철자로 시작하여 쓰시오.

> A: Mom, how's the weather today?
> B: It's quite cloudy outside. I'll check the weather f_____.
> A: Thanks, Mom.
> B: Well, it's going to rain in the afternoon.

weather 날씨
check 확인하다, 알아보다

E 주어진 우리말과 같은 뜻이 되도록 빈칸에 알맞은 말을 쓰시오.

> 회관에는 수천 명의 사람들이 있었다.
> There were _____ _____ people in the hall.

hall 회관

Expressions

❶ 경험 묻고 답하기

A **Have you ever eaten** pancakes?   너는 팬케이크를 먹어 본 적이 있니?
B **Yes, I have. / No, I haven't.**   응, 먹어 본 적 있어. / 아니, 먹어 본 적이 없어.

✚ 상대방에게 이전에 경험한 일을 물을 때는 「Have you ever+과거분사 ~?」를 사용하며, '너는 ~해 본 적이 있니?'
라는 뜻을 나타낸다. 이에 대한 대답은 해 본 적이 있을 때는 Yes, I have., 해 본 적이 없을 때는 No, I haven't.
로 한다.

▶ Useful Expressions
- Have you ever ridden a roller coaster?   너는 롤러코스터를 타 본 적이 있니?
  — Yes, I have. It was really exciting.   응, 타 본 적 있어. 그건 아주 재미있었어.
- Have you ever read *The Little Prince*?   너는 '어린 왕자'를 읽어 본 적이 있니?
  — Yes, I have. I've read it three times.   응, 읽어 봤어. 세 번 읽어 봤어.
- Have you ever tried scuba diving?   너는 스쿠버 다이빙을 해 본 적이 있니?
  — No, I haven't.   아니, 나는 해 본 적 없어.

❷ 날씨 묻고 답하기

A **How's the weather in** London in March?   3월에 영국의 날씨는 어떠니?
B **It's rainy and cool.**   비가 오고 선선해.

✚ 특정 지역의 날씨를 물을 때는 How's the weather in ~?을 사용하며, '~의 날씨는 어때?'라는 뜻을 나타낸다.
이에 대한 대답은 It's sunny(cloudy / windy / rainy / snowy / warm / hot / cold / cool). 등으로 한다.

▶ Useful Expressions
- How's the weather in Sydney in April?   4월에 시드니의 날씨는 어떠니?
  — It's warm and sunny.   따뜻하고 화창해.
- How's the weather today in Bangkok?   오늘 방콕의 날씨는 어떠니?
  — It's very hot. It's 38 degrees Celsius.   매우 더워. 기온이 섭씨 38도야.
- What's the weather like in New York today?   오늘 뉴욕의 날씨는 어때?
  — It's a little cold. And it's snowing now.   약간 추워. 그리고 지금 눈이 내리고 있어.

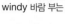
A 다음 대화의 빈칸에 들어갈 말로 가장 알맞은 것은?

> A: _____
>
> B: It's cold and windy.

① What day is it today?
② Where can I find it?
③ Where are you from?
④ What are you doing?
⑤ How's the weather today?

Words

windy 바람 부는

B 다음 대화의 괄호 안의 말을 바르게 배열하여 쓰시오.

> A: (ridden / you / ever / have / a / horse)?
> B: Yes, I have. How about you?
> A: No, I haven't. How was it?
> B: It was fun, but it was a little scary, too.

➡ _____?

ride 타다(rode-ridden)
scary 무서운

C 다음 (A)~(D)를 자연스러운 대화가 되도록 바르게 배열한 것은?

> (A) How was it?
> (B) Have you ever tried Indian food?
> (C) Yes, I have, but I've only tried Indian curry.
> (D) It was really hot, but I loved it.

① (A) – (C) – (B) – (D)
② (A) – (D) – (B) – (C)
③ (B) – (A) – (D) – (C)
④ (B) – (C) – (A) – (D)
⑤ (B) – (D) – (A) – (C)

try 시식하다
Indian 인도의

D 다음 두 문장이 같은 뜻이 되도록 빈칸에 알맞은 말을 쓰시오.

> How's the weather in Paris?
> = _____'s the weather _____ in Paris?

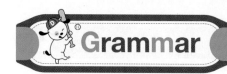

Grammar

① to부정사의 형용사적 용법

> A B&B is a popular place **to stay** in England. B&B는 영국에서 머물기에 인기 있는 곳이다.
> It has become a world-famous place **to visit**. 그곳은 방문해야 할 세계적인 명소가 되었다.
> That was a great way **to capture** all the special 그것은 모든 특별한 순간을 포착할 수 있는 아주 좋은 방법이었다.
> moments.

(1) **의미와 형태**: '~하는', '~(해야) 할'의 의미를 나타내며, 「명사(구)+to부정사」의 형태로 쓴다.

I bought a book **to read** on the train. 나는 기차에서 읽을 책을 한 권 샀다.

cf. -thing, -one, -body로 끝나는 대명사를 형용사와 to부정사가 함께 수식하면, 「대명사+형용사+to부정사」
의 어순으로 쓴다.

I want something *sweet* **to eat**. 나는 먹을 달콤한 것을 원한다.

(2) **역할**: to부정사가 형용사처럼 쓰여 앞에 있는 명사(구) 또는 대명사를 수식한다.

He wanted some water **to drink**. 그는 마실 물을 원했다.

(3) **명사(구)+to부정사+전치사**: to부정사 앞에 쓰인 명사가 전치사의 목적어가 될 경우, to부정사 다음에 전치사를
쓴다.

I need a pen **to write with**. 나는 쓸 펜이 하나 필요하다.　　Do they have a house **to live in**? 그들은 살 집이 있나요?

② 가주어 it ~ to부정사

> **It** was just amazing **to see** the ring of huge stones. 원형으로 둘러서 있는 거대한 돌들을 보는 것은 정말 굉장했다.
> **It** is O.K. **to draw** everyday objects like cups and 너의 일기에 컵이나 접시 같은 일상용품들을 그리는 것도 괜찮다.
> plates in your journal.

(1) **가주어와 진주어**: 주어 자리에 it이 있지만 뒤에 있는 to부정사구가 의미상 실제 주어인 구조이다. it을 가주어,
to부정사구를 진주어라고 부른다. 이때 it을 '그것은'으로 해석하지 않는다.

(2) **형태**: It+be동사+형용사+to부정사 ~.

It is impossible **to live** without water. 물 없이 사는 것은 불가능하다.
가주어　　　　　　진주어

(3) **to부정사의 의미상의 주어**: to부정사가 의미하는 동작이나 상태의 주체를 의미상의 주어라고 하며, to부정사 앞에
「for+목적격」으로 나타낸다. 단, 사람의 성격이나 성품에 관한 형용사가 앞에 쓰이면 「of+목적격」을 쓴다.

It is impossible *for me* **to climb** that mountain. 내가 저 산을 오르는 것은 불가능하다.

It is kind *of him* **to help** the child. 그는 친절하게도 그 아이를 도와주었다.

cf. 성격이나 성품을 나타내는 형용사: kind, nice, brave, silly, foolish, careless, polite 등

Grammar Practice

바른답·알찬풀이 p.14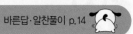

A 다음 문장의 빈칸에 공통으로 들어갈 말로 알맞은 것은?

> • _____ is not easy to exercise every day.
> • _____ has rained for a week.

① It   ② This   ③ That
④ What   ⑤ There

B 다음 빈칸에 들어갈 말로 알맞은 것은?

> Julie is going to the department store to buy _____.

① a present give to her mom   ② a present to give her mom
③ to give her a present mom   ④ to give a present her mom
⑤ give a present to her mom

C 가주어 it을 사용하여 문장을 다시 쓰시오.

(1) To have a dream is important.

➡ _____

(2) To ride a bike without a helmet is dangerous.

➡ _____

D 다음 우리말에 맞도록 괄호 안의 말을 배열하여 문장을 완성하시오.

> 나는 파티에서 입을 새 드레스를 사고 싶다.
> (buy / wear / to / at the party / a new dress)

➡ I want to _____.

E 다음 중 밑줄 친 부분이 어법상 틀린 것은?

① Jack had no friend to play.
② It's important to keep your promises.
③ They bought a nice bench to sit on.
④ It was not difficult for him to find the place.
⑤ It was silly of him to use up all the money.

Words

exercise 운동하다

department store 백화점
present 선물

important 중요한
without ~ 없이
helmet 헬멧
dangerous 위험한

wear 입다

keep one's promise ~의
약속을 지키다
bench 벤치
silly 어리석은
use up 다 써버리다

다음 우리말을 참고하여 교과서 본문을 완성해 봅시다.

나의 특별한 여행 일기

❶ 안녕, 나는 Lucy Hunter이고, 런던에 살고 있어.
❷ 지난주, 우리 가족은 3일 동안 휴가를 갔어.
❸ 여행 중에, 나는 내 일기에 간단한 그림을 그렸어.
❹ 그것은 모든 특별한 순간을 포착할 수 있는 아주 좋은 방법이었어.

8월 5일
❺ 드디어, 우리는 지구상에서 가장 불가사의한 장소들 중 하나인 스톤헨지에 발을 들여놨어.
❻ 우리는 런던에 있는 우리 집에서 차로 두 시간을 달린 후에, 마침내 스톤헨지에 도착했어.
❼ 원형으로 둘러서 있는 거대한 돌들을 보는 것은 그저 놀라웠어.
❽ 어떻게 그 거대한 돌들이 수천 년 전에 그곳에 도달했을까?
❾ 그것들은 무엇을 위한 것이었을까?
❿ 나는 스톤헨지가 오랫동안 불가사의로 남아 있을 거라고 생각해.
Lucy의 그림 그리기 팁
⓫ 완벽한 그림을 그리려고 하지 마.
⓬ 몇 가지 색으로도 충분할 거야.

8월 6일
⓭ 아침에, 우리는 코츠월드 주변을 걸어 다녔어.
⓮ 오후에 비가 오기 시작해서, 우리는 B&B 안에서 머물기로 했어.
⓯ B&B는 영국에서 머물기에 인기 있는 곳이야.
⓰ 호텔보다는 더 집처럼 느껴져.

My Special Travel Journal

❶ Hi, I am Lucy Hunter, and I live in London.
❷ Last week, my family went on a vacation for three days.
❸ During our trip, I made [1]_____ _____ in my journal.
❹ That was a great way [2]_____ _____ all the special moments.

August 5

❺ At last, we set foot at Stonehenge, one of [3]_____ _____ _____ places on Earth.
❻ After a two-hour drive from our home in London, we finally got to Stonehenge.
❼ [4]_____ was just amazing _____ _____ the ring of huge stones.
❽ How did those [5]_____ _____ get there thousands of years ago?
❾ What were they for?
❿ I guess Stonehenge will remain a mystery for a long time.

Lucy's Drawing Tips
⓫ Don't try to make a [6]_____ _____.
⓬ A few colors will be enough.

August 6

⓭ In the morning, we walked around the Cotswolds.
⓮ [7]_____ started _____ _____ in the afternoon, so we decided to stay indoors at our B&B.
⓯ A B&B is a popular [8]_____ _____ _____ in England.
⓰ It feels more like a home than a hotel.

Answers

1 simple drawings   **2** to capture   **3** the most mysterious   **4** It, to see   **5** huge stones   **6** perfect drawing
7 It, to rain   **8** place to stay

⑰ The owner invited us for afternoon tea today.

⑱ The dining table was ⁹_____ _____ cookies, cake, bread, and cheese.

⑲ ¹⁰_____ I was busy eating, Mom was admiring the beautiful cups and plates.

⑳ I ate too much, so I couldn't eat anything for dinner.

Lucy's Drawing Tips

㉑ It is O.K. ¹¹_____ _____ everyday objects like cups and plates in your journal.

August 7

㉒ Our last stop was Oxford.

㉓ We first visited Christ Church College.

㉔ It has become a world-famous ¹²_____ _____ _____ since it appeared in the *Harry Potter* movies.

㉕ In the movies, Harry and everyone else eat dinner at the Hall of Christ Church.

㉖ We also saw portraits of famous people who ¹³_____ from the college.

㉗ ¹⁴_____ we were outside the building, I walked to the famous olive tree and touched it.

㉘ "Because I touched this tree," I said, "I will get into Oxford University!"

㉙ Then, my brother said to me with a smile, "I ¹⁵_____ _____ _____ _____ your portrait on the wall."

Lucy's Drawing Tips

㉚ Create your own avatar.

㉛ Your drawing journal will become much ¹⁶_____ _____.

Answers

9 full of   **10** While   **11** to draw   **12** place to visit   **13** graduated   **14** When   **15** can't wait to see
16 more interesting

[01~02] 다음 글을 읽고, 물음에 답하시오.

> Hi, I am Lucy Hunter, and I live in London. Last week, my family went on a vacation for three days. During our trip, I made simple drawings in my journal. ⓐ That was a great way to capture all the special moments.

01 윗글의 밑줄 친 ⓐThat이 가리키는 것을 우리말로 쓰시오.

_____

02 윗글의 Lucy에 관한 설명과 일치하지 <u>않는</u> 것은?

① 런던에서 살고 있다.
② 지난주에 가족과 함께 휴가를 다녀왔다.
③ 휴가 기간은 3일이었다.
④ 휴가 여행 중에 그림을 그렸다.
⑤ 사진을 찍어 순간을 포착하는 것을 좋아한다.

[03~04] 다음 글을 읽고, 물음에 답하시오.

> **August 5**
> At last, we set foot at Stonehenge, one of the most mysterious (A)place / places on Earth. After a two-hour drive from our home in London, we finally got to Stonehenge. It was just (B)amazing / amazed to see the ring of huge stones. How did those huge stones get there (C)thousand / thousands of years ago? What were they for? I guess Stonehenge will remain a mystery for a long time.

03 윗글의 (A), (B), (C)의 각 네모 안에서 어법에 맞는 표현으로 가장 알맞은 것은?

	(A)	(B)	(C)
①	place	amazing	thousand
②	places	amazing	thousands
③	places	amazed	thousands
④	place	amazed	thousand
⑤	places	amazing	thousand

04 Which of the following is NOT true?

① The writer's house is in London.
② Stonehenge is a mysterious place.
③ It took two hours to get to Stonehenge.
④ The writer saw the ring of large stones.
⑤ The writer thinks the mystery of Stonehenge will be solved soon.

[05~08] 다음 글을 읽고, 물음에 답하시오.

> **August 6**
> In the morning, we walked around the Cotswolds. It started to rain in the afternoon, _____ⓐ_____ we decided to stay indoors at our B&B. A B&B is a popular place ⓑ(stay) in England. It feels ⓒ(a hotel / than / like / more / a home). The owner invited us for afternoon tea today. The dining table was full of cookies, cake, bread, and cheese. While I was busy eating, Mom was admiring the beautiful cups and plates. I ate too much, _____ⓓ_____ I couldn't eat anything for dinner.

05 윗글의 빈칸 ⓐ와 ⓓ에 들어갈 말로 가장 알맞은 것은?

① and – but
② so – but
③ but – and
④ so – so
⑤ but – so

06 윗글의 동사 ⓑ(stay)의 형태로 알맞은 것은?

① stay
② stays
③ stayed
④ to stay
⑤ staying

07 윗글의 흐름상 ⓒ 괄호 안에 주어진 말을 배열하여 문장을 완성하시오.

_____

08 윗글의 내용을 바탕으로 다음 질문에 답하시오.

> **Q:** What was Mom doing when the writer was eating food?

_____

_____

09 다음 (A)~(D)를 자연스러운 글이 되도록 바르게 배열한 것은?

> (A) It was just amazing to see so many beautiful islands.
> (B) We'll never forget that trip.
> (C) We went on a field trip to Namhae last month.
> (D) We also visited Namhae German Village.

① (A) – (C) – (B) – (D)
② (A) – (D) – (C) – (B)
③ (C) – (A) – (D) – (B)
④ (C) – (D) – (A) – (B)
⑤ (C) – (D) – (B) – (A)

[10~13] 다음 글을 읽고, 물음에 답하시오.

August 7

  Our last stop was Oxford. (①) We first visited Christ Church College. (②) In the movies, Harry and everyone else eat dinner at the Hall of Christ Church. (③) We also saw portraits of famous people who graduated from the college. (④) When we were outside the building, I walked to the famous olive tree and touched ⓐ it. "Because I touched this tree," I said, "I will get into Oxford University!" (⑤) Then, my brother said to me with a smile, "I can't wait to see your _____ⓑ_____ on the wall."

10 윗글의 ①~⑤ 중 다음 문장이 들어가기에 가장 알맞은 곳은?

It has become a world-famous place to visit since it appeared in the *Harry Potter* movies.

①   ②   ③   ④   ⑤

11 윗글의 밑줄 친 ⓐit이 가리키는 것을 찾아 네 단어로 쓰시오.

_____

12 윗글의 흐름상 빈칸 ⓑ에 알맞은 한 단어를 본문에서 찾아 쓰시오.

_____

13 윗글의 내용과 일치하는 것은?

① 글쓴이와 일행이 처음으로 간 곳은 옥스퍼드였다.

② 글쓴이와 일행은 옥스퍼드에서 크라이스트 처치 대학을 마지막으로 방문하였다.

③ 영화에서 Harry는 크라이스트 처치 홀에서 아침 식사를 한다.

④ 글쓴이는 크라이스트 처치 대학을 졸업한 유명한 사람들의 초상화를 보았다.

⑤ 글쓴이의 오빠는 옥스퍼드 대학에 들어갈 것이라고 하였다.

[14~15] 다음 글을 읽고, 물음에 답하시오.

  Last winter, I went to Laos with my family. We visited a lot of beautiful temples and went to the night market in Vientiane. Then, we moved to Vang Vieng and went river tubing. We also enjoyed their traditional food. It was a lot of fun to try new things in a foreign country. I hope I will have a chance to visit Laos again.

14 윗글의 글쓴이가 하지 않은 일은?

① 사원 방문   ② 야시장 구경

③ 강에서 튜브 타기   ④ 전통 의상 구입

⑤ 전통 요리 맛보기

15 윗글에서 다음 영영풀이에 해당하는 말을 찾아 쓰시오.

not from your own country

_____

01 다음 대화의 빈칸에 들어갈 말로 알맞은 것은?

> A: Who was the first man to _____ foot on the moon?
> B: Neil Armstrong. He was the first man to land on the moon.

① set   ② make   ③ draw
④ take   ⑤ kick

02 다음 설명에 해당하는 단어는?

> a written record that you make of the things that happen to you each day

① college   ② temple   ③ mystery
④ journal   ⑤ owner

03 다음 글의 빈칸에 들어갈 말로 가장 알맞은 것은?

> Good morning, and welcome to the weather forecast. It's sunny outside, but we're expecting some rain in the afternoon. Don't leave home _____ your umbrella. That's the weather forecast for today. Have a nice day!

① by   ② of   ③ for
④ with   ⑤ without

04 다음 (A)~(E)를 자연스러운 대화가 되도록 배열할 때, 네 번째로 오는 것은?

> (A) No, I haven't. How about you?
> (B) Wasn't it scary?
> (C) Have you ever gone bungee jumping?
> (D) No, I liked it. I want to do it again.
> (E) When I visited New Zealand, I tried bungee jumping once.

① (A)   ② (B)   ③ (C)   ④ (D)   ⑤ (E)

05 다음 대화의 흐름상 빈칸에 알맞은 말을 쓰시오.

> A: Have you been to any special places in Korea?
> B: Yes, I have. I went to Ulleungdo last summer with my family.
> A: _____ _____ _____ _____ there?
> B: It was mostly sunny, but the weather changed often.

Suho: _____ (A)

Anna: Yes, I have. Actually, I lived in Sydney for a year.

Suho: Great! How's the weather there in April? _____ (B)

Anna: April is a great time to visit Sydney. _____ (C)

Suho: Good. I'm planning to spend some time on the beach and relax in the sun.

Anna: Well, it often rains in April, but you may have some sunny days.

Suho: I'll _____ (D) _____, too.

Anna: That's a good idea. Have a great trip.

06 위 대화의 빈칸 (A)~(C)에 들어갈 말이 순서대로 짝지어진 것은?

ⓐ I'm going to visit Sydney on vacation next week.

ⓑ In April, it's autumn in Australia.

ⓒ Have you been to Australia before?

① ⓐ－ⓑ－ⓒ   ② ⓐ－ⓒ－ⓑ

③ ⓑ－ⓐ－ⓒ   ④ ⓒ－ⓐ－ⓑ

⑤ ⓒ－ⓑ－ⓐ

07 위 대화의 빈칸 (D)에 들어갈 말로 가장 알맞은 것은?

① take my hat and pack my fur coat

② take my muffler and pack an umbrella

③ take my hat and pack an umbrella

④ take my swimming suit and my fur coat

⑤ take my muffler and pack my sunglasses

08 위 대화의 내용과 일치하지 <u>않는</u> 것은?

① Anna는 시드니에서 1년 동안 살았다.

② 4월은 시드니를 방문하기 좋은 때이다.

③ 수호는 해변에서 시간을 보낼 생각이다.

④ 수호는 햇볕을 쬐며 쉴 생각이다.

⑤ 호주는 4월에 비가 거의 오지 않고 날씨가 맑다.

09 다음 문장에서 어법상 틀린 것은?

① This is ② difficult ③ to do ④ two things ⑤ at the same time.

①   ②   ③   ④   ⑤

10 다음 대화의 동사 ⓐ(do)의 형태로 알맞은 것은?

A: How about going to the movies tonight?

B: I'm afraid I can't. I have a lot of work ⓐ (do) today.

① do   ② did   ③ done

④ to do   ⑤ doing

11 다음 중 밑줄 친 부분의 쓰임이 **보기** 와 같은 것은?

> **보기**
>
> It's easy to catch a cold in winter.

① It's very cold today.
② It's fun to learn English.
③ It's right under the desk.
④ It's not an easy question.
⑤ It's going to rain tomorrow.

12 다음 대화의 괄호 안에 주어진 말을 배열하여 문장을 완성하시오.

> **A:** What do you want to bring to the camp?
> **B:** I want to bring (some / eat / to / snacks) during the camp.

➡ _____

13 다음 대화의 빈칸에 들어갈 말로 가장 알맞은 것은?

> **A:** Can you give me _____?
> **B:** Sure. Here is a pen.

① something to write
② something to write with
③ something write on
④ something for write on
⑤ something to write on

14 다음 우리말에 맞도록 괄호 안에 말을 이용하여 문장을 완성하시오.

> 아침 식사를 하는 것은 중요하다.
> (eat / it / important / breakfast)

➡ _____

15 다음 빈칸에 들어갈 말이 나머지와 다른 하나는?

① It was difficult _____ the child to stay quiet.
② It was brave _____ her to try bungee jumping.
③ It is important _____ you to do your best.
④ It is impossible _____ me to solve the mystery.
⑤ It is dangerous _____ you to swim in this river.

Hi, I am Lucy Hunter, and I live in London. Last week, my family went on a vacation for three days. During our trip, I made simple drawings in my journal. That was a great way ⓐto capture all the special moments.

16 윗글을 읽고 대답할 수 <u>없는</u> 질문은?

① Where does Lucy live?

② Where did Lucy go on a vacation?

③ When did Lucy go on a vacation?

④ What did Lucy do during her trip?

⑤ How many days did Lucy travel for?

17 밑줄 친 부분의 쓰임이 윗글의 밑줄 친 ⓐto capture 와 <u>다른</u> 것은?

① There are many questions <u>to ask</u>.

② We gave him a chance <u>to run</u> away.

③ He called his friend <u>to ask</u> for help.

④ I don't have time <u>to play</u> with you.

⑤ Isn't it your turn <u>to wash</u> the dishes?

August 5

At last, we set foot at Stonehenge, one of the most mysterious places on Earth. After a two-hour drive from our home in London, we finally got to Stonehenge. ⓐ<u>We saw the ring of huge stones. That was just amazing.</u> How did those huge stones get there thousands of years ago? What were they for? I guess Stonehenge will remain a __ⓑ__ for a long time.

18 윗글의 밑줄 친 ⓐ를 한 문장으로 쓸 때 빈칸에 알맞은 말을 쓰시오.

➡ _____ was just amazing _____ _____ the ring of huge stones.

19 윗글의 빈칸 ⓑ에 알맞은 말을 윗글의 단어를 변형하여 쓰시오.

➡ _____

20 다음 질문에 주어와 동사를 갖춘 완전한 문장으로 답하 시오.

Q: How long did it take from London to Stonehenge?

_____

_____

[21~23] 다음 글을 읽고, 물음에 답하시오.

August 6

In the morning, we walked around the Cotswolds. (①) It started to rain in the afternoon, so we decided to stay indoors at our B&B. (②) A B&B is a popular place to stay in England. (③) The owner invited us for afternoon tea today. (④) The dining table was full of cookies, cake, bread, and cheese. (⑤) While I was busy ⓐ(eat), Mom was admiring the beautiful cups and plates. I ate too much, so I couldn't eat anything for dinner.

21 윗글의 ①~⑤ 중 다음 문장이 들어가기에 가장 알맞은 곳은?

It feels more like a home than a hotel.

①   ②   ③   ④   ⑤

22 윗글의 괄호 안 동사 ⓐ(eat)를 알맞은 형태로 바꿔 쓰시오.

_____

23 윗글의 내용과 일치하지 <u>않는</u> 것은?

① 글쓴이는 아침에 코츠월드 주변을 걸어 다녔다.
② 오후에는 비가 오기 시작해서 실내에 머물렀다.
③ 영국에서 B&B는 머물기에 인기 있는 곳이다.
④ 글쓴이는 저녁식사로 과자, 케이크, 빵, 치즈를 먹었다.
⑤ 글쓴이가 먹느라 바쁜 동안 글쓴이의 엄마는 예쁜 컵과 접시를 감탄하며 보셨다.

[24~25] 다음 글을 읽고, 물음에 답하시오.

August 7

Our last stop was Oxford. We first visited ⓐChrist Church College. ⓑIt has become a world-famous place to visit since ⓒit appeared in the *Harry Potter* movies. In the movies, Harry and everyone else eat dinner at the Hall of Christ Church. We also saw portraits of famous people who graduated from the college. When we were outside ⓓthe building, I walked to the famous olive tree and touched ⓔit. "Because I touched this tree," I said, "I will get into Oxford University!" Then, my brother said to me with a smile, "I can't wait to see your portrait on the wall."

24 윗글의 밑줄 친 ⓐ~ⓔ 중 가리키는 것이 나머지와 <u>다른</u> 하나는?

① ⓐ   ② ⓑ   ③ ⓒ   ④ ⓓ   ⑤ ⓔ

25 윗글의 내용과 일치하도록 빈칸에 알맞은 말을 쓰시오.

Christ Church College is in (1) _____.
The college appeared in the *Harry Potter* movies. Since then, (2) _____
_____.

서술형 평가

01 다음은 민지가 어떤 일을 해 본 적이 있는지를 나타낸 표이다. 표의 정보를 활용하여 대화를 완성하시오.

	Yes	No
eat a snail		✓
ride a horse	✓	

A: Have you ever eaten a snail, Minji?
B: (1) ____________________
But I want to try it someday.
A: (2) ____________________
B: Yes, I have. It was fun, but it was a little scary, too.

02 다음은 수지가 여행갈 때 가져가고 싶어 하는 물건이다. 괄호 안의 단어를 바르게 배열하여 수지의 말을 완성하시오.

(1) 
(2) 

(1) I will bring ____________________ on the plane. (some, read, to, books)
(2) I will also bring ____________________. (to, with, a camera, take pictures)

03 다음 대화의 빈칸에 알맞은 말을 괄호 안에 단어를 포함하여 쓰시오.

A: Mom, how's the weather today? Do I need an umbrella?
B: It's quite cloudy outside. I'll check the weather forecast.
A: Thank you, Mom.
B: Well, ____________________ today. (rain)
A: Good! Then, I don't need an umbrella today.

04 다음 그림을 보고, 괄호 안의 단어를 이용하여 문장을 완성하시오.

➡ It ____________________.
(fun / cookies / make)

05 다음 Lucy의 일기를 읽고, 물음에 답하시오.

August 6
In the morning, we walked around the Cotswolds. It started to rain in the afternoon, so we decided to stay indoors at our B&B. A B&B is a popular place to stay in England. It feels more like a home than a hotel. The owner invited us for afternoon tea today. The dining table was full of cookies, cake, bread, and cheese. While I was busy eating, Mom was admiring the beautiful cups and plates. I ate too much, so I couldn't eat anything for dinner.

조건
주어와 동사를 갖춘 완전한 문장으로 답할 것.

(1) Why did Lucy's family decide to stay indoors in the afternoon?
____
____

(2) Why did Lucy eat nothing for dinner?
____
____

Giving a Hand

Vocabulary

- actually[ǽktʃuəli] 사실은, 실제로
- chance[tʃæns] 기회
- comfortable[kʌmfərtəbl] 편안한, 쾌적한
- condition[kəndíʃən] 상태, 조건, 상황
- create[kriéit] 만들다, 창조하다
- device[diváis] 장치, 기기
- disease[dizí:z] 병, 질병
- elderly[éldərli] 나이 드신 ≒ old
- favor[féivər] 호의, 부탁
- generation[dʒènəréiʃən] 세대
- heel[hi:l] 뒤꿈치
- invention[invénʃən] 발명(품)
  + invent 발명하다, inventor 발명가
- lesson[lésn] 교훈
- material[mətíəriəl] 재료, 소재

- perfect[pə́:rfikt] 완벽한
- pressure[préʃər] 압력 + press 누르다
- project[prádʒekt] 과제, 계획
- proud[praud] 자랑스러운
- respect[rispékt] 존경하다, 존중하다
- safety[séifti] 안전 ≒ safe 안전한
- sensor[sénsər] 감지기, 센서
- signal[sígnəl] 신호, 통신
- succeed[səksí:d] 성공하다 ↔ fail 실패하다
- support[səpɔ́:rt] 지지하다, 뒷받침하다
- trial and error 시행착오
- trusty[trʌsti] 믿을 수 있는, 믿을 만한
  + trust 신뢰; 믿다, 신뢰하다
- volunteer[vàləntíər] 자원봉사; 자원봉사하다
- work[wəːrk] (기계가) 작동하다
- worse[wəːrs] 악화된, 더 심한

- all night long 밤새도록
- at that moment 그때에
- in shock 충격에 빠진
- cheer up 격려하다, 기운을 북돋우다
- do ~ a favor ~의 부탁을 들어주다
- feel like -ing ~하고 싶다
- give up 포기하다

- go out for a walk 산책하러 나가다
- grow up 자라다, 성장하다
- jump for joy 기뻐 날뛰다
- keep an eye on ~을 계속 지켜보다
- say to oneself 혼잣말을 하다
- succeed in ~에 성공하다
- wander off 돌아다니다, 헤매다

Vocabulary Check-up   영어는 우리말로, 우리말은 영어로 쓰시오.

(1) 세대

(2) 호의, 부탁

(3) 재료, 소재

(4) 존경하다, 존중하다

(5) 기뻐 날뛰다

(6) comfortable

(7) heel

(8) trusty

(9) trial and error

(10) succeed in

A 다음 짝지어진 단어와 같은 관계가 되도록 빈칸에 알맞은 말을 쓰시오.

> elderly : old = illness : _____

Words

illness 병, 아픔

B 다음 영영풀이에 해당하는 단어는?

> a machine that is usually small and electronic, that does a special job

① pressure   ② device   ③ material
④ signal   ⑤ condition

electronic 전자의

C 다음 빈칸에 들어갈 말이 순서대로 짝지어진 것은?

> • Don't give _____ the fight. Just keep trying.
> • The child wandered _____ and got lost in the forest.

① up – on   ② off – out   ③ away – off
④ up – off   ⑤ off – away

keep -ing 계속해서 ~하다
get lost 길을 잃다
forest 숲

D 다음 괄호 안의 말을 배열하여 문장을 완성하시오.

> Please (on / an / keep / eye / my bag) while I go to the bathroom.

➡ _____

while ~ 동안

E 다음 괄호 안의 동사를 빈칸에 알맞은 형태로 바꿔 쓰시오.

> I'm tired. I feel like _____(eat) sweets.

sweet 단것, 사탕 및 초콜릿 류

Expressions

❶ 도움 요청하기

> A **Can you do me a favor?**   부탁 하나 들어줄 수 있니?
> B Sure. What is it?   물론이지. 뭔데?
> A **Can you** fix my computer?   내 컴퓨터 좀 고쳐 줄 수 있니?
> B Sure. No problem. / Sorry, but I can't.   그럼. 물론이지. / 미안, 하지만 난 못해.
>
> ✛ 상대방에게 도움을 요청할 때는 Can(Could) you do me a favor?를 사용하며 '부탁 하나 들어줄 수 있니?'라
> 는 뜻을 나타낸다. 또한 「Can(Could) you (please)+동사원형 ~?」도 '~해 줄 수 있니?'라는 뜻의 도움을 요청
> 하는 표현이다. 도움 요청을 수락할 때는 Okay. / Sure. / No problem. / Of course. 등을 사용하며, 거절할
> 때는 Sorry, but I can't. / I'm afraid I can't. 등을 사용한다.

▶ Useful Expressions

- Can(Could / Will / Would) you do me a favor?   부탁 하나 들어줄 수 있니?
  － Sure. What is it?   물론이지. 뭔데?
- Can(Could) you help me with my math homework?   수학 숙제 하는 것 좀 도와줄래?
  － I'm afraid I can't. I'm not good at it.   미안하지만 안 돼. 나는 수학을 잘 못해.
- Can you give me a hand?   나 좀 도와줄 수 있니?
  － Yes, of course.   응. 물론이지.

❷ 감사하기

> A **Thank you for** sharing your umbrella with me.   우산을 나랑 같이 써줘서 고마워.
> B You're welcome(My pleasure).   천만에(도와줘서 나도 기뻐).
>
> ✛ 감사를 표현할 때는 「Thank you for+(동)명사」를 사용하며 '~해 주셔서 감사합니다.'라는 뜻을 나타낸다. 감사 표
> 현에 답할 때 사용하는 표현은 You're welcome. / (It's) My pleasure. / Don't mention it. / No
> problem. / Not at all. 등이 있다.

▶ Useful Expressions

- Thank you for taking our picture.   우리 사진을 찍어 줘서 고마워.
  － You're welcome.   천만에.
- I really appreciate everything.   저는 모든 것에 정말 감사드립니다.
  － My pleasure.   저 좋아서 한 일입니다.(도와드려서 기뻤습니다.)
- I'm so grateful.   정말 감사합니다.
  － Don't mention it.   별말씀을요.

A 다음 대화의 빈칸에 들어갈 말로 알맞지 <u>않은</u> 것은?

Words

note 필기, 노트

> A: _____
> B: Sure. What is it?
> A: Can you show me your notes?
> B: Sure. No problem.

① Can you help me?
② Can I ask a favor of you?
③ How may I help you?
④ Can you give me a hand?
⑤ Can you do me a favor?

B 괄호 안의 표현을 활용하여 사진 속 소녀의 부탁의 말을 쓰시오.

move 옮기다

> A: _____?
> (move / can / for me) It's too heavy.
> B: Sure. No problem.

C 다음 (A)~(D)를 자연스러운 대화가 되도록 바르게 배열하시오.

favor 호의, 부탁
go on (a) vacation 휴가를 가다
water 물을 주다
plant 식물

> (A) Sure. What is it?
> (B) Yes, I can.
> (C) Can you do me a favor?
> (D) My family is going on vacation for a week. Can you come to our house and water the plants?

_____ - _____ - _____ - _____

D 다음 대화의 빈칸에 들어갈 말로 알맞은 것은?

report 보고서

> A: Can you help me with my science report?
> B: _____ I'm very busy now.

① Sure.
② You're welcome.
③ No problem.
④ I'm afraid I can't.
⑤ Yes, of course.

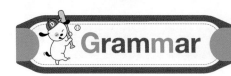

Grammar

1 목적격 관계대명사

> He was the person (**who/whom/that**) Kenneth respected the most in the world.
> 그는 Kenneth가 세상에서 가장 존경한 사람이었다.
> There were many things (**that/which**) Kenneth had to do. Kenneth가 해야 할 일이 많았다.
> He is the person (**who/whom/that**) I have been waiting for. 그는 내가 기다려 왔던 사람이다.

⑴ **역할:** 목적격 관계대명사는 관계대명사절에서 목적어 역할을 하며 선행사를 수식한다. 목적격 관계대명사 뒤에는 「주어＋동사」가 오며, 목적격 관계대명사는 생략할 수 있다.

Did you see the book (**which /that**) I left on the desk? 내가 책상 위에 둔 책을 보았니?

⑵ **목적격 관계대명사의 종류**

선행사	목적격 관계대명사	예문
사람	who(m) / that	Mr. Anderson is the doctor. ＋ Everyone respects him. Anderson 씨는 의사이다.　　　　모두가 그를 존경한다. → Mr. Anderson is **the doctor who(m)/that** everyone respects. 　Anderson 씨는 모두가 존경하는 의사이다.
사물·동물	which / that	I lost the cap. ＋ I bought it last month. 나는 모자를 잃어버렸다.　나는 그것을 지난달에 샀다. → I lost **the cap which/that** I bought last month. 　나는 지난달에 산 모자를 잃어버렸다.

2 so ~ that 구문

> He was **so** happy **that** he jumped for joy.　그는 몹시 행복해서 팔짝팔짝 뛰었다.
> He wandered off at night **so** often **that** someone had to keep an eye on him.
> 그가 밤에 너무 자주 돌아다녀서 누군가는 그를 지켜보아야 했다.

⑴ **의미와 형태:** '매우 ~해서 (결과적으로) …하다'라는 뜻으로, 「so＋형용사/부사＋that＋주어＋동사」의 형태로 쓴다. that 앞의 내용은 이유를, that절의 내용은 결과를 나타낸다.

The music is **so** loud **that** I can't sleep. 음악 소리가 너무 커서 나는 잘 수 없다.

She spoke **so** quickly **that** I didn't understand her. 그녀는 너무 빨리 말해서 나는 그녀의 말을 이해하지 못했다.

cf. so that ~은 '~하기 위해서'라는 뜻으로 that절의 내용은 목적을 나타낸다.

He got up early **so that** he could catch the first bus. 그는 첫 버스를 타기 위해 일찍 일어났다.

Grammar Practice

A 다음 괄호 안에서 알맞은 것을 고르시오.

(1) Max is a singer (whom / which) many Asians love.
(2) This is the bike (who / that) I really want to buy.
(3) I had some pizza (who / which) my dad made.

Words

Asian 아시아인

B 다음 우리말을 영어로 바르게 옮긴 것은?

> 나는 너무 피곤해서 따뜻한 물로 목욕을 했다.

① I was tired that so I took a warm bath.
② I was tired so that I took a warm bath.
③ I was so that tired I took a warm bath.
④ I was so tired that I took a warm bath.
⑤ I was that tired so I took a warm bath.

take a bath 목욕하다

C 다음 두 문장을 관계대명사를 이용하여 한 문장으로 쓰시오.

(1) Christina is a famous pop singer. I like her most.
➡ Christina is _____.
(2) This is the suit. I will wear it at the interview.
➡ This is _____.

pop singer 인기 가수
suit 정장
wear 입다
interview 면접

D 다음 우리말에 맞도록 괄호 안의 말을 배열하여 문장을 완성하시오.

> 날씨가 너무 더워서 나는 집에 머물러 있었다.
> (hot / it / stayed / was / that / I / so / home)

➡ _____

stay home 집에 머물다

E 다음 중 밑줄 친 부분을 생략할 수 있는 것은?

① Who is the person <u>that</u> took my bag?
② The book <u>which</u> is on the table is mine.
③ Jason is the only person <u>that</u> told me the truth.
④ I know a grocery store <u>which</u> sells fresh fruits.
⑤ He is the person <u>who</u> we have been waiting for.

truth 진실
grocery store 식료품 가게

다음 우리말을 참고하여 교과서 본문을 완성해 봅시다.

Socks for Grandpa

할아버지를 위한 양말

❶ Kenneth Shinozuka는 3대에 걸친 행복한 대가족에서 자랐다.

❷ 그는 어렸을 때부터 언제나 할아버지와 매우 가깝게 지냈다.

❸ 그는 Kenneth의 첫 친구이자, 그의 믿음직한 운전사였고, 그의 요리사였다.

❹ 그는 또한 그에게 여러 인생의 교훈을 가르쳐 주었다.

❺ 그는 Kenneth가 세상에서 가장 존경한 사람이었다.

❻ Kenneth가 네 살이었을 때, 그의 할아버지는 어느 날 산책을 나갔다가 길을 잃었다.

❼ 그는 알츠하이머병을 앓고 있었다. Kenneth의 가족은 모두 충격을 받았다.

❽ 그의 상태는 그 후 10년간 더 나빠졌다.

❾ 그가 밤에 너무 자주 돌아다녀서 누군가는 그를 밤새 지켜보아야 했다.

❿ 어느 날 밤, Kenneth의 할아버지가 침대에서 나왔고, Kenneth는 그것을 보았다.

❶ Kenneth Shinozuka ¹_____ _____ in a big happy family of three generations.

❷ Since he was little, he ²_____ _____ _____ very close to his grandfather.

❸ He was Kenneth's first friend, his trusty driver, and his cook.

❹ He also taught him many life lessons.

❺ He was the person who Kenneth ³_____ the most in the world.

❻ When Kenneth was four, his grandfather went out ⁴_____ _____ _____ one day and ⁵_____ _____.

❼ He had Alzheimer's disease. Everyone in Kenneth's family was ⁶_____ _____.

❽ His condition became worse over the next 10 years.

❾ He wandered off at night ⁷_____ often _____ someone had to ⁸_____ _____ _____ _____ him all night long.

❿ One night, Kenneth's grandfather ⁹_____ _____ _____ bed, and Kenneth saw it.

⓫ At that moment, he said to himself, "Why don't I ¹⁰_____ pressure sensors _____ the heels of his socks?"

⓬ There were ¹¹_____ _____ that Kenneth had to do.

⓭ He first had to create a pressure sensor and then find a way ¹²_____ _____ a signal to his smart phone.

⓮ Kenneth also tried many different materials to ¹³_____ _____ _____ for his elderly grandfather.

⓯ When he felt like ¹⁴_____ _____, he thought about his grandfather's safety.

⓰ After much ¹⁵_____ _____ _____, he finally succeeded in making his device.

⓱ When it first worked, he was ¹⁶_____ _____ _____ he jumped for joy.

⓲ He could not believe that his invention actually worked.

⓳ For his grandfather, Kenneth is ¹⁷_____ _____ _____ in the world.

⓴ For Kenneth, his grandfather is still his best friend.

⓫ 그 순간, 그는 "그의 양말 뒤꿈치에 압력 감지기를 붙이는 건 어떨까?"라고 혼잣말을 했다.

⓬ Kenneth가 해야 할 일이 많았다.

⓭ 그는 우선 압력 감지기를 만들어야 했고, 그의 스마트폰으로 신호를 보내는 방법을 찾아야 했다.

⓮ Kenneth는 또한 나이 드신 그의 할아버지를 위한 편안한 양말을 만들기 위해 다양한 재료들을 시도해 보았다.

⓯ 그는 포기하고 싶었을 때, 그의 할아버지의 안전에 대해 생각했다.

⓰ 수많은 시행착오 끝에, 그는 마침내 그의 장치를 만드는 데 성공했다.

⓱ 그것이 처음 작동했을 때, 그는 몹시 행복해서 팔짝팔짝 뛰었다.

⓲ 그는 자신의 발명품이 실제로 작동했다는 것을 믿을 수 없었다.

⓳ 그의 할아버지에게, Kenneth는 세계 최고의 발명가이다.

⓴ Kenneth에게, 그의 할아버지는 여전히 가장 친한 친구이다.

Answers

10 put, on   **11** many things   **12** to send   **13** make comfortable socks   **14** giving up   **15** trial and error
16 so happy that   **17** the best inventor

[01~02] 다음 글을 읽고, 물음에 답하시오.

Kenneth Shinozuka grew up in a big happy family of three generations. Since he was little, he has always been very close to his grandfather. He was Kenneth's first friend, his trusty driver, and his cook. He also taught him many life lessons. He was the person _____ⓐ_____ Kenneth respected the most in the world.

01 윗글의 빈칸 ⓐ에 들어갈 말로 알맞은 것을 <u>모두</u> 고르면?

① who   ② that   ③ him
④ whom   ⑤ which

02 Kenneth에 관하여 윗글의 내용과 일치하지 <u>않는</u> 것은?

① 3대에 걸친 행복한 대가족에서 자랐다.
② 어렸을 때는 할아버지와 서먹하게 지냈지만 점점 사이가 가까워졌다.
③ 할아버지가 그의 첫 친구였다.
④ 할아버지가 운전도 해 주시고 요리도 해 주셨다.
⑤ 할아버지를 가장 존경했다.

[03~04] 다음 글을 읽고, 물음에 답하시오.

When Kenneth was four, his grandfather ⓐ went out for a walk one day and ⓑ got lost. He had Alzheimer's disease. Everyone in Kenneth's family ⓒ was in shock. His condition became worse over the next 10 years. He ⓓ wandered off at night so often that someone had to ⓔ keep an eye on him all night long. One night, Kenneth's grandfather got out of bed, and Kenneth saw (A) it. At that moment, he said to himself, "Why don't I put pressure sensors on the heels of his socks?"

03 윗글의 밑줄 친 ⓐ~ⓔ의 우리말 뜻이 알맞지 <u>않은</u> 것은?

① ⓐ: 산책을 나갔다
② ⓑ: 길을 잃었다
③ ⓒ: 충격을 받았다
④ ⓓ: 소리를 질렀다
⑤ ⓔ: ~을 지켜보다

04 윗글의 밑줄 친 (A) <u>it</u>가 가리키는 것을 우리말로 쓰시오.

_____

[05~09] 다음 글을 읽고, 물음에 답하시오.

There were many things that Kenneth had to do. He first had to create a pressure sensor and then find a way to send a signal to his smart phone. Kenneth also tried many different materials to make comfortable socks for his elderly grandfather.

When he felt like ⓐ (give) up, he thought about his grandfather's safety. After much trial and error, he finally succeeded in making his device. When it first worked, he was so happy _____ⓑ_____ he jumped for joy. He could not believe that his invention actually ⓒ worked. For his grandfather, Kenneth is the best _____ⓓ_____ in the world. For Kenneth, his grandfather is still his best friend.

05 윗글의 괄호 안의 동사 ⓐ(give)를 알맞은 형태로 쓰시오.

_____

06 윗글의 빈칸 ⓑ에 들어갈 말로 가장 알맞은 것은?

① or   ② but   ③ for
④ that   ⑤ which

07 윗글의 밑줄 친 ⓒworked와 같은 뜻으로 쓰인 것은?

① I worked as a nurse.
② His new plan worked.
③ The computer finally worked.
④ She worked until late at night.
⑤ He worked for a big company.

08 윗글의 흐름상 빈칸 ⓓ에 들어갈 단어를 본문에서 찾아 알맞은 형태로 바꿔 쓰시오.

_____

09 윗글의 내용과 일치하지 <u>않는</u> 것은?

① Kenneth는 먼저 압력 감지기를 만들어야 했다.
② Kenneth는 스마트폰으로 신호를 보내는 방법을 찾아야 했다.
③ Kenneth는 편안한 양말을 만들기 위해 값비싼 재료를 사용했다.
④ Kenneth는 수많은 시행착오 끝에, 마침내 발명품을 만들었다.
⑤ Kenneth에게 할아버지는 여전히 가장 친한 친구이다.

[10~11] 다음 글을 읽고, 물음에 답하시오.

I'd like to talk about the volunteer work that we're planning to do for the elderly people in our city. We came up with three activities. One of ⓐ them is to make *patbingsu* for ⓑ them and eat it together. Second is to go to a swimming pool. Third, we want to sing several songs that they like. The last thing is to play *yut* with them.

10 윗글의 제목으로 가장 알맞은 것은?

① Fun Activities for Summer
② Things That Elderly People Want
③ The Biggest Problem of Our City
④ How to Make Delicious *Patbingsu*
⑤ Our Plan for the Volunteer Work

11 윗글의 밑줄 친 ⓐthem과 ⓑthem이 지칭하는 것을 본문에서 찾아 쓰시오.

ⓐ _____

ⓑ _____

[12~14] 다음 글을 읽고, 물음에 답하시오.

Hello, I am Kim Doha, and I would like to join your volunteer project. (①) One day, I saw some poor dogs on TV. (②) I like dogs, and there are many things that I can do for them. (③) I can walk the dogs, give them a bath, and play with them. (④) I am the person who you are looking for! (⑤)

12 윗글의 ①~⑤ 중 다음 문장이 들어가기에 가장 알맞은 곳은?

They looked so sad that I wanted to help them.

①   ②   ③   ④   ⑤

13 윗글을 쓴 목적으로 가장 알맞은 것은?

① 자원봉사자를 모집하려고
② 자원봉사 활동에 지원하려고
③ 자원봉사 참여를 독려하려고
④ 훌륭한 자원봉사자를 소개하려고
⑤ 계획하고 있는 자원봉사 활동을 소개하려고

14 윗글의 글쓴이가 개를 위해 할 수 있는 일로 언급된 것을 <u>모두</u> 고르면?

① 개 산책   ② 개 목욕
③ 개 먹이 주기   ④ 개 훈련하기
⑤ 개와 놀아 주기

15 다음 (A)~(D)를 자연스러운 글이 되도록 바르게 배열한 것은?

Do you want to help children? Join our Child Care Project in Laos.
(A) You'll also build a school for them.
(B) But you'll find happiness in helping these children.
(C) You'll teach local children.
(D) The work is so hard that you'll want to go home at first.

① (A) – (C) – (B) – (D)
② (A) – (D) – (C) – (B)
③ (C) – (A) – (D) – (B)
④ (C) – (D) – (A) – (B)
⑤ (C) – (D) – (B) – (A)

01 다음 문장의 빈칸에 괄호 안의 단어를 알맞은 형태로 바꿔 쓰시오.

> Ann always keeps her promises. She's my _____(trust) friend.

02 다음 빈칸에 공통으로 들어갈 알맞은 단어를 쓰시오.

> • I was born in Seoul, but I grew _____ in Busan.
> • I won't give _____ without trying.

_____

03 다음 대화의 빈칸에 들어갈 말로 알맞지 <u>않은</u> 것은?

> A: Thank you for carrying my bag.
> B: _____

① No problem.
② It's my pleasure.
③ That's all right.
④ Don't mention it.
⑤ You're welcome.

04 다음 (A)~(D)를 자연스러운 대화가 되도록 바르게 배열한 것은?

> (A) Oh, then can you come over to my house for dinner?
> (B) Do you have any special plans this weekend?
> (C) Sure. Thank you for inviting me.
> (D) No, I'm just going to stay home.

① (A) – (C) – (B) – (D)
② (A) – (D) – (B) – (C)
③ (B) – (A) – (D) – (C)
④ (B) – (C) – (D) – (A)
⑤ (B) – (D) – (A) – (C)

05 다음 대화의 괄호 안에 주어진 말을 배열하여 문장을 완성하시오.

> A: Andrew, can you do me a favor?
> B: O.K. What is it?
> A: My family is going to go to Jejudo this weekend. (take / you / my / can / of / cat / care) during the weekend?
> B: Sure. Don't worry about her, and enjoy your trip.

➡ _____

during the weekend?

[06~07] 다음 대화를 읽고, 물음에 답하시오.

Jaden: Can you do me a favor, Yuri?

Yuri: Sure. What is it, Jaden?

Jaden: Can we go shopping together for a baseball cap for a girl?

Yuri: _____ⓐ_____ Who is it for?

Jaden: It's for my little sister Kate.

Yuri: Oh, are you getting her a birthday gift?

Jaden: No, her birthday isn't until October.

Yuri: Then, why are you getting a baseball cap for her?

Jaden: She broke her leg while she was riding her bike last week. I just want to cheer her up.

Yuri: Oh, I see. I can go this Friday afternoon.

Jaden: That sounds perfect. Thank you.

단꿀 시험문제

06 위 대화의 빈칸 ⓐ에 들어갈 말로 가장 알맞은 것은?

① No way.
② Yes, of course.
③ Good for you!
④ You're welcome.
⑤ I'm afraid I can't.

07 Which of the following is NOT true?

① Jaden wants Yuri to go shopping with him.
② Jaden's little sister broke her leg last week.
③ Jaden wants to cheer up his little sister.
④ Jaden will buy a birthday present for his little sister.
⑤ Yuri can go shopping with Jaden on this Friday afternoon.

[08~09] 다음 글을 읽고, 물음에 답하시오.

Hi, Mom! Hi, Dad! As you know, today is my 15th birthday. I haven't had a chance ① to thank you for ② being my parents. ③ You've truly been my friends and my teachers. Thank you for ④ supporting me and always ⑤ try to understand me. I'm really proud to be your daughter.

08 윗글의 밑줄 친 ①~⑤ 중 어법상 틀린 것을 골라 바르게 고쳐 쓰시오.

_____ → _____

09 윗글의 내용과 일치하는 것은?

① 글쓴이는 어버이날을 맞아 부모님께 감사하고 있다.
② 글쓴이는 이제까지 부모님께 부모님이 되어 주신 것에 대해 감사를 표현할 기회가 많았다.
③ 부모님은 글쓴이의 친구가 되어 주셨다.
④ 글쓴이는 부모님을 이해하려고 노력해 왔다.
⑤ 부모님은 글쓴이가 딸인 것을 자랑스러워한다.

10 다음 문장의 밑줄 친 부분 중 생략할 수 있는 것은?

① The book ② that ③ I bought last week ④ is easy ⑤ to read.

①   ②   ③   ④   ⑤

11 다음 대화의 빈칸에 들어갈 말로 가장 알맞은 것은?

> **A:** Did you sleep well last night?
> **B:** No, I didn't. It was _____ I couldn't sleep.

① so that noisy   ② so noisy that

③ noisy so that   ④ so noisily that

⑤ noisily so that

12 다음 두 문장을 관계대명사를 이용하여 한 문장으로 쓰시오.

> • She is the girl.
> • I saw her in the library yesterday.

➡ _____

_____

13 다음 빈칸에 알맞은 관계대명사가 순서대로 짝지어진 것은?

> • He is the man _____ saw the accident.
> • I tried to fix the umbrella _____ my brother broke.
> • She is the movie star _____ I like most.

① who – whom – who

② whom – which – who

③ who – that – whom

④ whom – who – whom

⑤ that – whom – which

14 다음 우리말에 맞도록 괄호 안의 말을 배열하여 문장을 완성하시오.

> 그녀는 너무 일찍 일어나서 아침 내내 졸렸다.
> (that / sleepy / so / she / early / was)

➡ She got up _____ all morning.

15 다음 중 밑줄 친 부분을 생략할 수 있는 것을 <u>모두</u> 고르면?

① She is the girl <u>who</u> I told you about.

② I have a friend <u>who</u> lives in Canada.

③ The elderly man <u>who</u> you helped is my grandfather.

④ I thanked the boy <u>who</u> showed me to the bank.

⑤ There was a TV program <u>which</u> he really wanted to watch.

Kenneth Shinozuka grew up in a big happy family of three generations. Since he was little, he has always been very close to his grandfather. He was Kenneth's first friend, his trusty driver, and his cook. He also taught him many life ⓐ lessons. He was the person who Kenneth respected the most in the world.

16 윗글의 밑줄 친 ⓐlessons와 같은 뜻으로 쓰인 것은?

① Don't skip lessons.

② Ms. Lee gives violin lessons.

③ My aunt is taking driving lessons.

④ The math textbook has 8 lessons.

⑤ I learned important lessons from the experience.

17 Which question CANNOT be answered about Kenneth?

① How many generations were there in Kenneth's family?

② Who was Kenneth's first friend?

③ Could Kenneth's grandfather drive a car?

④ What lessons did Kenneth learn from his grandfather?

⑤ Who did Kenneth respect the most in the world?

When Kenneth was four, his grandfather went out _____ⓐ_____ a walk one day and got lost. He had Alzheimer's disease. Everyone in Kenneth's family was _____ⓑ_____ shock. His condition became worse over the next 10 years. ⓒ He wandered off at night very often. Someone had to keep an eye on him all night long. One night, Kenneth's grandfather got out of bed, and Kenneth saw it. At that moment, he said to himself, "Why don't I put pressure sensors on the heels of his socks?"

18 윗글의 빈칸 ⓐ와 ⓑ에 들어갈 말이 순서대로 짝지어진 것은?

① in – on   ② on – for   ③ for – on
④ in – for   ⑤ for – in

19 윗글의 밑줄 친 ⓒ를 so ~ that을 이용하여 한 문장으로 쓰시오.

_____

_____

20 윗글의 내용과 일치하지 않는 것은?

① Kenneth가 네 살이었을 때, 할아버지는 산책 나가셨다가 길을 잃으셨다.

② 할아버지는 알츠하이머병을 앓고 있었다.

③ 할아버지의 병세는 10년간 더 나빠졌다.

④ 할아버지는 밤에 너무 자주 돌아다녀서 누군가 그를 밤새 지켜보아야 했다.

⑤ Kenneth는 할아버지의 양말 발목에 압력 감지기를 붙이는 것을 생각해 냈다.

[21~22] 다음 글을 읽고, 물음에 답하시오.

There were many things that Kenneth had to do. (①) He first had to create a pressure sensor and then find a way to send a signal to his smart phone. (②) Kenneth also tried many different materials to make comfortable socks for his elderly grandfather. (③)

When he felt like giving up, he thought about his grandfather's safety. (④) After much trial and error, he finally succeeded in making his device. (⑤) He could not believe that his invention actually worked. For his grandfather, Kenneth is the best inventor in the world. For Kenneth, his grandfather is still his best friend.

21 윗글의 ①~⑤ 중 다음 문장이 들어가기에 가장 알맞은 곳은?

When it first worked, he was so happy that he jumped for joy.

①   ②   ③   ④   ⑤

22 윗글을 읽고 대답할 수 <u>없는</u> 질문은?

① What did Kenneth first do to make his device?
② How did Kenneth send a signal to his smart phone?
③ Why did Kenneth try many different materials?
④ What did Kenneth think about when he felt like giving up?
⑤ How did Kenneth feel when his invention actually work?

[23~24] 다음 글을 읽고, 물음에 답하시오.

Do you want to help children? Join our Child Care Project in Laos. You'll teach local children. You'll also build a school for them. The work is so _____ that you'll want to go home at first, but you'll find happiness in helping these children.

23 윗글을 쓴 목적으로 가장 알맞은 것은?

① 자원봉사 지원
② 자원봉사자 모집
③ 자원봉사자 소개
④ 자원봉사 기금 마련
⑤ 자원봉사 확인서 발급 요청

24 윗글의 흐름상 빈칸에 들어갈 말로 가장 알맞은 것은?

① fun   ② easy   ③ hard
④ creative   ⑤ interesting

25 다음 글의 밑줄 친 부분 중 흐름상 어색한 것은?

Hello, I am Kim Doha, and I would like to join your volunteer project. One day, I saw some poor dogs on TV. ① They looked so sad that I wanted to help them. ② I like dogs, and there are many things that I can do for them. ③ I can walk the dogs, give them a bath, and play with them. ④ Most dogs like to play with balls. ⑤ I am the person who you are looking for!

①   ②   ③   ④   ⑤

서술형 평가

01 다음 대화의 흐름이 자연스럽도록 빈칸에 요청에 대한 승낙 또는 거절의 말을 쓰시오.

(1) **A:** Can you show me your notes?

B: _____

Here is my notebook.

(2) **A:** Can you walk my dog?

B: _____

I'm busy now.

02 다음 대화의 (1)과 (2)의 괄호 안의 말을 배열하여 문장을 완성하시오.

> **A:** Can you do me a favor?
> **B:** Sure. What is it?
> **A:** (1) (move / you / with me / can / this table)? It's too heavy.
> **B:** Sure. No problem.
> **A:** (2) (helping / for / you / thank / me).

(1) _____

(2) _____

03 다음 그림을 보고, 괄호 안의 말을 배열하여 문장을 완성하시오.

➡ The pizza _____ it.
(that / big / we / was / finish / so / couldn't)

04 Find ONE error in each sentence, correct it, and write the correct sentence.

(1) The book that I read it yesterday was very interesting.

➡ _____

_____

(2) This is the letter who Ms. Wilson wrote to me.

➡ _____

_____

05 다음 글을 읽고, 물음에 답하시오.

> One night, Kenneth's grandfather got out of bed, and Kenneth saw it. At that moment, he said to himself, "Why don't I put pressure sensors on the heels of his socks?"
>
> There were many things that Kenneth had to do. He first had to create a pressure sensor and then find a way to send a signal to his smart phone. Kenneth also tried many different materials to make comfortable socks for his elderly grandfather.

[조건]
주어와 동사를 갖춘 완전한 문장으로 답할 것

Q: How do Kenneth's special socks work?

A: When his grandfather steps onto the floor, _____

_____.

학교 시험 총정리

Lesson 1~4

01 다음 중 나머지를 모두 포함하는 것은?

① sky　　　　　② grass

③ ocean　　　　④ nature

⑤ forest

02 다음 대화의 빈칸에 알맞은 말을 괄호 안의 주어진 단어를 이용하여 쓰시오.

> A: What do you want to be in the future?
> B: I love cartoons, and I'm good at drawing.
>   So I want to be a ＿＿＿＿＿＿＿＿.
>   　　　　　　　　　　　　　　(cartoon)

03 다음 대화의 빈칸 ⓐ와 ⓑ에 들어갈 말로 가장 알맞은 것은?

> A: What are you doing?
> B: I'm making a smart phone case out of my old jeans.
> A: Wow! You're good ＿＿＿ⓐ＿＿＿ recycling old clothes.
> B: Thanks. I like recycling. It's fun, and it's also good ＿＿＿ⓑ＿＿＿ our Earth.

　　　　ⓐ　　　　　ⓑ
① to　 ……　with
② at　 ……　for
③ for　……　at
④ at　 ……　at
⑤ for　……　for

[04~05] 다음 담화를 읽고, 물음에 답하시오.

> Hello, everyone. I'm Kim Yujin. I want to be your class president. I'm a good listener and always try to help others. I'm also good at ⓐ(plan) fun school activities. I'll work hard ＿＿＿ⓑ＿＿＿ our class, so please vote ＿＿＿ⓒ＿＿＿ me. Thank you for listening!

04 위 담화의 동사 ⓐ (plan)을 알맞은 형태로 쓰시오.

＿＿＿＿＿＿＿＿＿＿＿＿

05 위 담화의 빈칸 ⓑ와 ⓒ에 공통으로 들어갈 말로 알맞은 것은?

① in　　　　② at　　　　③ to
④ with　　　⑤ for

06 다음 (A)~(C)를 자연스러운 대화가 되도록 바르게 배열한 것은?

> Hi, Cindy. Is something wrong?
> (A) Don't worry. You're a very good speaker. I'm sure you'll do a good job.
> (B) I have to give a speech in front of the whole school. I'm so nervous.
> (C) Thanks, Minho. I feel much better now.

① (A) – (C) – (B)
② (B) – (A) – (C)
③ (B) – (C) – (A)
④ (C) – (A) – (B)
⑤ (C) – (B) – (A)

[07~08] 다음 대화를 읽고, 물음에 답하시오.

> **Woman:** Welcome to Jeonju Hanok Guesthouse. May I help you?
>
> **Man:** Yes, I'd like a room for two nights.
>
> **Woman:** Well, what kind of room would you like?
>
> **Man:** Do you have a room with a garden view? You have a lovely garden.
>
> **Woman:** Yes, we do. Every room in our house has a garden view, but there are no beds in the rooms.
>
> **Man:** Do I have to sleep on the floor?
>
> **Woman:** Yes, you do.
>
> **Man:** O.K. I'll ⓐ(try / a / give / it). Where can I have breakfast?
>
> **Woman:** You can have breakfast in the dining room, next to the kitchen.
>
> **Man:** I see.
>
> **Woman:** O.K. You're in the Nabi room. Here's your key.
>
> **Man:** Thank you.

07 위 대화의 빈칸 ⓐ에 알맞은 말을 괄호 안의 단어를 바르게 배열하여 쓰시오.

_____

08 위 대화의 내용과 일치하지 <u>않는</u> 것은?

① The guesthouse has a lovely garden.
② Every room in the guesthouse has a garden view.
③ The man is going to stay at the guest house for two nights.
④ The man doesn't have to sleep on the floor.
⑤ The dining room is next to the kitchen.

09 다음 대화의 빈칸에 들어갈 말로 가장 알맞은 것은?

> **A:** Hey, look at this unique house in the picture. It's upside down.
>
> **B:** Oh, it looks interesting, but I think it's kind of strange.
>
> **A:** _____
>
> **B:** I like music, so I want to live in a piano-shaped house.

① Where do you live?
② What is your favorite music?
③ What does the house look like?
④ What kind of house do you want to live in?
⑤ What kind of music do you want to listen to?

10 그림을 보고, 대화의 빈칸에 알맞은 말을 쓰시오.

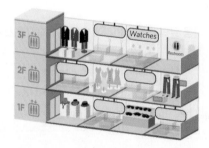

> **A:** Excuse me, where can I find women's hats?
>
> **B:** _____
>
> _____

11 다음 빈칸에 알맞은 것은?

> I like _____ which are funny.

① a poem   ② people
③ stories   ④ a friend
⑤ the teachers

12 다음 두 문장을 관계대명사를 이용하여 한 문장으로 쓰시오.

> I visited an Italian restaurant. It opened last week.

➡ _____

_____

13 다음 우리말에 맞도록 괄호 안의 단어를 이용하여 문장을 완성하시오.

> 각 책상 위에는 컴퓨터가 한 대씩 있다.
> ➡ E a c h _____ _____ a computer on it. (desk, have)

14 다음 글의 흐름상 빈칸에 알맞은 접속사를 쓰시오.

> The phone rang three times _____ we were eating. But we didn't get it because we were eating.

15 다음은 이번 주의 날씨를 기록한 표이다. 오늘이 일요일일 때, 수요일부터 일요일의 날씨를 설명하는 문장을 조건에 맞춰 완성하시오.

Mon	Tue	Wed	Thur	Fri	Sat	Sun
☀	☀	🌧	🌧	🌧	🌧	🌧

> 조건
> for 또는 since를 사용하여 문장을 쓸 것.

➡ It _____

_____ .

16 다음 글의 밑줄 친 ①~⑤ 중 문맥상 어색한 것은?

> My name is Hojin, and I like to make graphic novels. While I was walking home from school last week, I saw a woman on a scooter. She looked really cool, and ① her scooter was very unique.
> "Are you going home, Hojin?" ② she said to me suddenly.
> "Yes, but do I know you?" I asked.
> ③ "Of course," she answered. "I see you at the school cafeteria every day."
> Surprisingly, she was one of the cafeteria workers at school.
> "Amazing! ④ She looks just the same outside the school," I thought. ⑤ "I should write a graphic novel about her."

①   ②   ③   ④   ⑤

[17~18] 다음 글을 읽고, 물음에 답하시오.

> After I got home, I began to write a new graphic novel, *Lunch Lady Begins*. In it, Lunch Lady is a superhero. She rides a super scooter (A) who / which can fly. She saves people from danger around the world. She also makes 100 cookies per second and (B) gives away them / gives them away to hungry children.
> A few days later, I showed my graphic novel to my friends.
> "Awesome! I love this superhero. She's so cool," said all my friends.
> "Guess what? I modeled her (C) on / for Ms. Lee, one of our cafeteria workers," I told them.

17 윗글의 (A), (B), (C)의 각 네모 안에서 어법에 맞는 표현으로 가장 알맞은 것은?

	(A)	(B)	(C)
①	who	gives away them	on
②	who	gives them away	for
③	which	gives them away	on
④	which	gives away them	for
⑤	which	gives them away	for

18 Lunch Lady에 관한 설명으로 윗글의 내용과 일치하지 <u>않는</u> 것은?

① 슈퍼히어로이다.
② 날 수 있는 슈퍼 스쿠터를 탄다.
③ 전 세계의 위험에 빠진 사람들을 구한다.
④ 1분에 100개의 쿠키를 만든다.
⑤ 쿠키를 배고픈 어린이들에게 나눠 준다.

19 주어진 글에 이어질 (A)~(C)를 자연스러운 글이 되도록 바르게 배열한 것은?

I showed my book to Ms. Lee. She loved it, too. She also told me about her coworkers who had special talents.

(A) "Of course they will," she said cheerfully. "Let's go and say hello to our new superhero friends."

(B) Ms. Park, another cafeteria worker, won a dancing contest. Mr. Kim, the janitor at our school, was once an adventurous park ranger.

(C) "I'd like to write superhero stories about them. Do you think they'll like that?" I asked Ms. Lee.

① (A) – (B) – (C) ② (B) – (A) – (C)
③ (B) – (C) – (A) ④ (C) – (A) – (B)
⑤ (C) – (B) – (A)

20 Which question CANNOT be answered about Julia?

Julia Child was a person who found her real talent in her 30s. At age 36, she moved to Paris with her husband. She attended a famous cooking school there. While she was studying, she decided to write a cookbook. That book became a big hit.

① What was her real talent?
② When did she move to Paris?
③ With whom did she move to Paris?
④ How long did she study cooking?
⑤ What kind of book did she write?

21 다음 글의 ①~⑤ 중 주어진 문장이 들어가기에 가장 알맞은 곳은?

Centuries ago in southern Italy, people who had a house without a roof paid lower taxes.

(①) A roof is an essential part of a house, but long ago some people built roofs only to take them down easily. (②) To avoid high taxes on their houses, some people built cone-shaped roofs by piling up stones. (③) When tax collectors came to the town, people took their roofs down quickly. (④) After the tax collectors left, they piled up the stones again. (⑤)

①　　②　　③　　④　　⑤

[22~23] 다음 글을 읽고, 물음에 답하시오.

Have you ever seen a goat on the roof of a house? In Norway, we can see animals on roofs. Norway has large forests. In harmony with nature, people have built wooden houses for a long time. To build strong and warm houses, they cover their roofs _____ⓐ_____ grass. The grass roofs protect them from the long cold winters and strong winds. Sometimes, trees or plants grow out of the grass roofs, and some animals enjoy their meals there.

22 윗글을 읽고 답할 수 없는 질문은?

① 노르웨이에는 큰 숲이 있나요?
② 노르웨이 사람들은 오랫동안 어떤 종류의 집을 지어 왔나요?
③ 노르웨이 사람들은 어떤 집을 짓고 싶어 하나요?
④ 노르웨이 사람들은 어떤 나무로 집을 만드나요?
⑤ 잔디 지붕의 장점은 무엇인가요?

23 윗글의 빈칸 ⓐ에 들어갈 말로 가장 알맞은 것은?

① on   ② to   ③ of
④ for   ⑤ with

[24~25] 다음 글을 읽고, 물음에 답하시오.

From the sky in a part of southern China, you can see round roofs ① that look like big doughnuts. They are the roofs of the big round houses of the Hakka people. They have lived in houses like these ② for about a thousand years to protect ③ themselves from enemies. The houses have only one gate without any windows on the first floor. ④ Each houses are ⑤ big enough for a whole village. It usually has four stories. It has kitchens on the first floor, storage rooms on the second floor, and living rooms and bedrooms on the third and fourth floors.

24 윗글의 밑줄 친 ①~⑤ 중 어법상 틀린 것은?

①   ②   ③   ④   ⑤

25 다음 질문에 답을 본문에서 찾아 쓰시오.

Q. Why have the Hakka people lived in the big round houses?

➡ _____

01 다음 중 짝지어진 단어의 관계가 보기 와 같은 것은?

> 보기
>
> tradition : traditional

① own : owner
② store : storage
③ scare : scary
④ actual : actually
⑤ mystery : mysterious

02 다음 빈칸에 알맞은 말을 보기 에서 골라 쓰시오.

> 보기
>
> on   in   off

(1) Please don't wander _____ without telling me.

(2) Can you keep an eye _____ the baby while I go to the store?

(3) What do I need to succeed _____ this business?

03 다음 (A)~(D)를 자연스러운 대화가 되도록 바르게 배열한 것은?

> (A) How was the weather there?
> (B) Yes, I have. I went to Ulleungdo last summer with my family.
> (C) Have you been to any special places in Korea?
> (D) It was mostly sunny, but the weather changed often.

① (A) – (C) – (B) – (D)
② (A) – (D) – (C) – (B)
③ (C) – (A) – (D) – (B)
④ (C) – (B) – (A) – (D)
⑤ (C) – (D) – (A) – (B)

04 다음 대화의 (1), (2) 괄호 안의 단어를 배열하여 문장을 완성하시오.

> A: Mom, (1)(the / is / today / weather / how)? Do I need an umbrella?
> B: It's quite cloudy outside. I'll check the weather forecast.
> A: Thank you, Mom.
> B: (2)(to / rain / is / not / it / going / today).
> A: Good! Then, I don't need an umbrella today.

(1) _____?
(2) _____.

05 다음 글의 ①~⑤ 중 주어진 문장이 들어가기에 가장 알맞은 곳은?

> But we're expecting some rain in the afternoon.

> Good morning. (①) Welcome to the weather forecast. (②) It's sunny outside. (③) Don't leave home without your umbrella. (④) That's the weather forecast for today. (⑤) Have a nice day!

①   ②   ③   ④   ⑤

[06 ~ 07] 다음 대화를 읽고, 물음에 답하시오.

> A: Bill, have you ever ⓐ(go) bungee jumping?
> B: No, I haven't. How about you, Katie?
> A: When I visited New Zealand, I tried bungee jumping once.
> B: Wasn't it scary?
> A: No, I liked it. I want to do it again.

06 위 대화의 괄호 안 동사 ⓐ(go)를 알맞은 형태로 쓰시오.

_____

07 위 대화의 내용과 일치하지 <u>않는</u> 것은?

① Bill has not tried bungee jumping before.
② Katie tried bungee jumping before.
③ Katie has been to New Zealand before.
④ Katie found bungee jumping scary.
⑤ Katie wants to do a bungee jump again.

08 다음 대화의 빈칸에 알맞은 말을 괄호 안에 주어진 단어를 포함하여 쓰시오.

> A: Mark, _____
> _____? (favor)
> B: Sure. What is it?
> A: My family is going on vacation for a week. Can you come to our house and water the plants?
> B: Yes, I can.

09 다음 대화의 빈칸에 들어갈 말로 가장 알맞은 것은?

> A: Kevin, can you do me a favor?
> B: O.K. What is it?
> A: Can you help me with my science project this afternoon?
> B: _____ I have to visit my grandma with my mom.

① Not at all.   ② Never mind.
③ That's okay.   ④ Of course.
⑤ Sorry, but I can't.

[10 ~ 11] 다음 글을 읽고, 물음에 답하시오.

> Hi, Mom! Hi, Dad! As you know, today is my 15th birthday. I haven't had a chance to thank you for ⓐ (be) my parents. You've truly been my friends and my teachers. Thank you for ⓑ (support) me and always ⓒ (try) to understand me. I'm really _____ⓓ_____ to be your daughter.

10 윗글의 괄호 안의 동사 ⓐ~ⓒ를 각각 알맞은 형태로 쓰시오.

ⓐ _____

ⓑ _____

ⓒ _____

11 윗글의 빈칸 ⓓ에 들어갈 말로 가장 알맞은 것은?

① sad   ② proud
③ worried   ④ nervous
⑤ surprised

12 다음 문장을 주어진 단어로 시작하여 다시 쓰시오.

> To understand other people is not easy.
> ➡ It _____ .

13 다음 중 밑줄 친 부분의 쓰임이 같은 것끼리 묶인 것은?

> ⓐ There is no food to eat in the refrigerator.
> ⓑ Her dream is to travel around the world.
> ⓒ I need someone to teach me math.
> ⓓ I went to the market to buy some fruit.

① ⓐ, ⓑ   ② ⓐ, ⓒ   ③ ⓑ, ⓒ
④ ⓒ, ⓓ   ⑤ ⓐ, ⓒ, ⓓ

14 다음 두 문장을 한 문장으로 연결할 때, 빈칸에 알맞은 말을 쓰시오.

> He was very sick yesterday. As a result, he couldn't go to school.
> ➡ He was _____ sick yesterday _____ he couldn't go to school.

15 다음 중 어법상 틀린 문장을 모두 고르면?

① Judy is the girl whom he is in love with.
② The flower which I like best is tulip.
③ A vet is a doctor which treats animals.
④ He met the girl whom he saw at the party.
⑤ She likes the doll that her father gave it to her.

[16~17] 다음 글을 읽고, 물음에 답하시오.

> Hi, I am Lucy Hunter, and I live in London.
> (A) That was a great way to capture all the special moments.
> (B) During our trip, I made simple drawings in my journal.
> (C) Last week, my family went on a vacation for three days.
>
> **August 5**
> At last, we set foot at Stonehenge, one of the most mysterious places on Earth. After a two-hour drive from our home in London, we finally got to Stonehenge. It was just amazing to see the ring of huge stones. How did those huge stones get there thousands of years ago? What were they for? I guess Stonehenge will remain a mystery for a long time.

16 윗글의 (A)~(C)를 자연스러운 글이 되도록 바르게 배열한 것은?

① (A) – (B) – (C)   ② (B) – (A) – (C)
③ (B) – (C) – (A)   ④ (C) – (A) – (B)
⑤ (C) – (B) – (A)

17 윗글의 내용과 일치하는 것은?

① 스톤헨지는 지구상에서 가장 아름다운 장소이다.
② 런던에서 스톤헨지까지는 한 시간이 걸렸다.
③ 스톤헨지는 별 모양으로 서 있는 거대한 돌들이었다.
④ 글쓴이는 거대한 돌들이 무엇을 위한 것이었는지를 궁금해했다.
⑤ 글쓴이는 스톤헨지의 미스터리가 곧 풀리리라고 생각한다.

August 6

  In the morning, we walked around the Cotswolds. It started to rain in the afternoon, so we decided (A) staying / to stay indoors at our B&B. A B&B is a popular place (B) to stay / staying in England. It feels (C) much / more like a home than a hotel. The owner invited us for afternoon tea today. The dining table was full of cookies, cake, bread, and cheese. While I was busy eating, Mom was admiring the beautiful cups and plates. I ate too much, so I couldn't eat anything for dinner.

18 윗글의 (A), (B), (C)의 각 네모 안에서 어법에 맞는 표현이 바르게 짝지어진 것은?

	(A)	(B)	(C)
①	staying	to stay	much
②	staying	staying	more
③	to stay	to stay	much
④	to stay	staying	much
⑤	to stay	to stay	more

19 윗글을 읽고 답할 수 <u>없는</u> 질문은?

① What did the writer do in the morning?
② What was the weather like in the afternoon?
③ What is a B&B?
④ How long did the writer stay in the B&B?
⑤ What was served for the afternoon tea?

20 다음 글의 종류로 가장 알맞은 것은?

  September 15, 1835
  We finally arrived on this island. There are many animals to study here. Today, I saw some strange turtles. It was amazing to watch them.

① play   ② poem
③ recipe   ④ book report
⑤ travel diary

21 다음 글의 Kenneth의 할아버지에 대한 설명으로 알맞지 <u>않은</u> 것은?

  Kenneth Shinozuka grew up in a big happy family of three generations. Since he was little, he has always been very close to his grandfather. He was Kenneth's first friend, his trusty driver, and his cook. He also taught him many life lessons. He was the person who Kenneth respected the most in the world.

① He lived with Kenneth.
② Kenneth cooked for him.
③ He was Kenneth's first friend.
④ Kenneth respected him a lot.
⑤ Kenneth learned life lessons from him.

22 다음 글의 ★ ● ◆ ■ 중 어느 곳에도 쓰이지 <u>않은</u> 것은?

When Kenneth was four, his grandfather went out ★ a walk one day and got lost. He had Alzheimer's disease. Everyone in Kenneth's family was ● shock. His condition became worse over the next 10 years. He wandered ◆ at night so often that someone had to keep an eye ■ him all night long.

① in   ② on   ③ off
④ for   ⑤ with

23 다음 글을 읽고, 질문에 답하시오.

There were many things that Kenneth had to do. He first had to create a pressure sensor and then find a way to send a signal to his smart phone. Kenneth also tried many different materials to make comfortable socks for his elderly grandfather.

Q: Why did Kenneth try many different materials?

A: He wanted to _____
_____.

[24~25] 다음 글을 읽고, 물음에 답하시오.

When he felt like ① giving up, he thought about his grandfather's ____ⓐ____. After ② much trial and error, he finally succeeded in ③ make his device. When it first worked, he was so happy ④ that he jumped for joy. He could not believe that his invention actually worked. For his grandfather, Kenneth is ⑤ the best inventor in the world. For Kenneth, his grandfather is still his best friend.

24 윗글의 밑줄 친 ①~⑤ 중 어법상 <u>틀린</u> 것은?

①   ②   ③   ④   ⑤

25 윗글의 빈칸 ⓐ에 들어갈 말로 다음 영영풀이에 해당하는 말을 쓰시오.

the state of being safe from danger or harm

_____

마음의 나침반

이 방향이 맞는 건가?
내 나침반은 빙글빙글 돌기만 해.

음..

마음이 향하는 곳이 어딘지 잘 생각해 봐.

역시 저쪽이었어!

치킨

ㅋㅋㅋㅋ

지금 네 나침반은 어딜 향하고 있니?

부록

듣기 평가

01 다음을 듣고, 내일의 날씨를 고르시오.

①

②

③

④

⑤

02 대화를 듣고, 남자가 주문하려고 하는 것을 고르시오.

①

②

③

④

⑤

03 대화를 듣고, Tom의 심정으로 가장 적절한 것을 고르시오.

① upset   ② pleased
③ scared   ④ nervous
⑤ unhappy

04 대화를 듣고, 남자가 해야 할 일을 고르시오.

① 어머니 돕기
② 열심히 공부하기
③ 생일 선물 사기
④ 이어폰 착용하기
⑤ 음악 소리 크게 하기

05 대화를 듣고, 대화가 이루어진 장소를 고르시오.

① 지하철 안   ② 승용차 안
③ 비행기 안   ④ 건물 안
⑤ 기차 안

06 대화를 듣고, 남자가 한 마지막 말의 의도로 가장 적절한 것을 고르시오.

① 불평   ② 감사
③ 확인   ④ 사과
⑤ 부탁

07 대화를 듣고, 대화 후 남자가 할 일을 고르시오.

① 쇼핑가기
② 시험 공부하기
③ 운동하기
④ 축하 카드 쓰기
⑤ 친구 생일 파티 준비하기

08 대화를 듣고, 메모지의 내용과 일치하지 <u>않는</u> 것을 고르시오.

① From	Sarah
② To	Jun
③ Time to meet	4 o'clock
④ Place to meet	Library
⑤ Things to bring	History book

09 대화를 듣고, 내용과 일치하지 <u>않는</u> 것을 고르시오.

① 남자는 3주간 입원해야 한다.
② 남자가 무단 횡단을 했다.
③ 남자는 횡단보도에서 차에 치었다.
④ 차가 정지 신호를 무시하고 질주했다.
⑤ 남자는 지난 토요일에 차 사고를 당했다.

10 대화를 듣고, 대화의 내용과 관계있는 것을 고르시오.

① 식당 예약   ② 취직 면접
③ 달리기 시합   ④ 기차역 찾기
⑤ 비행기표 예약

11 대화를 듣고, 여자의 장래희망으로 언급되지 <u>않은</u> 것을 고르시오.

① a pianist   ② a dancer
③ a writer   ④ a singer
⑤ a teacher

12 대화를 듣고, 남자가 전화를 건 목적을 고르시오.

① 시간표를 물어보려고
② 숙제를 물어보려고
③ 시험 범위를 물어보려고
④ 친구의 전화번호를 물어보려고
⑤ 친구가 숙제를 했는지 물어보려고

13 대화를 듣고, Tom이 Kate를 만날 시각을 고르시오.

① 7시 5분   ② 7시 15분
③ 7시 30분   ④ 7시 50분
⑤ 7시 55분

14 대화를 듣고, 두 사람의 관계로 가장 적절한 것을 고르시오.

① 점원 – 고객   ② 작가 – 편집자
③ 의사 – 환자   ④ 경찰 – 운전자
⑤ 수리공 – 고객

15 대화를 듣고, 여자가 가방을 메고 다니지 <u>않는</u> 이유를 고르시오.

① 가방을 메면 어깨가 아파서
② 들고 다니는 가방이 편해서
③ 키가 자라지 않을까 걱정되어서
④ 무거운 가방 때문에 활동이 불편해서
⑤ 가방이 어디에 있는지 몰라서

16 다음 그림의 상황에 가장 적절한 대화를 고르시오.

①　　②　　③　　④　　⑤

17 대화를 듣고, 여자가 남자에게 부탁하고 있는 것을 고르시오.

① 우편물 받아 주기
② 편지 부쳐 주기
③ 우체국 가는 길 알려 주기
④ 소포 포장하기
⑤ 편지 써 주기

18 대화를 듣고, 두 사람이 좋아하는 것이 바르게 짝지어진 것을 고르시오.

	여자	남자
①	탐정 소설	역사 소설
②	로맨스 소설	탐정 소설
③	역사 소설	공포 소설
④	역사 소설	로맨스 소설
⑤	로맨스 소설	역사 소설

19 대화를 듣고, 여자의 마지막 말에 대한 남자의 응답으로 가장 적절한 것을 고르시오.

> Man: _____

① At 3 o'clock.　② By bus.
③ About movies.　④ Once a week.
⑤ To the library.

20 대화를 듣고, 남자의 마지막 말에 대한 여자의 응답으로 가장 적절한 것을 고르시오.

> Woman: _____

① Great! Let's make a reservation.
② Sounds good! It must be delicious.
③ I'm afraid I can't make it for the meeting.
④ Let's make hurry to get to the riverboat tour.
⑤ Sorry, but this is the time to be with my family.

Dictation

01 M: Good morning. And now we have the _____ in Korea for you. Today is just a beautiful day with some light _____ coming from the northwest. It might be a _____ night for watching the _____. Tomorrow the weather station reports _____ _____ and pleasant temperatures.

02 W: Would you like to _____?
M: Yes, I'd like a _____ and ... two _____.
W: Anything else? A _____ maybe?
M: No, thanks.

03 W: Tom, do you have some time this _____?
M: Yes, mom.
W: I have two _____. Guess what?
M: You like music. Concert tickets again?
W: Not this time. They are for the _____ _____.
M: Really? I love to ride the _____ coaster. You are the best mom in the world!

04 W: Brian, the music is too _____.
M: Sorry, I didn't _____ _____.
W: Your sister is studying very hard for her _____ _____. Why don't you wear the _____ your dad bought you for your birthday?
M: O.K., Mom.

05 M: The cars are bumper to bumper. They're not moving at all.
W: I am afraid I won't be _____ _____ get to the meeting place on time. I'd better _____ _____ _____ the car and walk there.
M: I think so, too. The place is not _____ _____ here. If you walk fast, you can get there in ten minutes.
W: O.K. Bye. Thanks for giving me _____ _____.

06 W: Jack, are you still playing computer games? do your _____.
M: Oh, Mom. I'd like to use the computer _____.
W: You can't.
M: Mom, you let Tony use the computer as _____ as he wants. But why not me? It's not _____.

07 W: I _____ _____ your sister's birthday.
M: I remember it, Mom. This Friday is her birthday.
W: I _____ _____ _____ _____ to buy something for her. Will you go with me?
M: I have to prepare for my mid-term, but I'd _____ go with you.

08 [Telephone rings.]
M: Hello?
W: Hello. This is Sarah. is Jun there?
M: No, I'm sorry. Jun went to the mall.
W: What time will he be back?

M: He will be _____ _____ 3 o'clock.

W: 3 o'clock? Can I _____ _____ _____?

M: Sure.

W: Please tell him I want to meet him at _____ at the library. He has my _____ _____. I need it for my test tomorrow.

M: OK. No problem.

09 W: What happened, Robert?

M: Well, I _____ _____ _____ a car last _____.

W: Did you jaywalk?

M: No. The car ran a red light and it _____ me on the crosswalk.

W: Oh, no. I _____ _____ _____ for you. How long do you have to be in the hospital?

M: About three weeks, I guess.

10 M: Can I have your name?

W: It's Eireen Woo.

M: Have you ever worked in a _____ _____?

W: No, but I'm sure I can _____ _____ _____.

M: Good. Can you start _____ _____?

W: Sure. I'll be here at nine.

M: OK. See you tomorrow.

11 W: Dad, can I have _____ _____?

M: That's a lot of money for a little girl.

W: I want to be a _____, and want to take a _____ _____.

M: Last year you wanted to be a _____. Before that you wanted to be a dancer.

W: Dad, you forgot to also say a teacher, but this time is _____. I really believe I can be a _____ _____.

12 [Telephone rings.]

M: Hi, Carrie. This is Brad.

W: Hi, Brad. _____ _____?

M: Do you know Vic's telephone number?

W: Yes, it's 345-5566. By the way, have you _____ _____ _____?

M: Yes, I have. It took _____ _____.

13 W: Tom, you _____ _____ _____ till your father comes home, will you? He doesn't have his keys.

M: What time will he be back home?

W: About _____. Why?

M: Oh, no. I'm meeting Kate at 7:50.

W: Well, I think you'll have to leave _____ _____ _____ he gets home.

14 W: When did the accident happen?

M: Two days ago while I was roller blading. At first, I thought it was nothing serious.

W: So, how do you feel now?

M: Terrible. My right ankle _____ _____ _____ when I walk.

W: Well, let me _____ _____ _____, first.

15

M: Jina, where are you going?

W: To school, of course.

M: But where is your school bag?

W: Don't worry, Dad. I have _____ _____ _____ in my school locker.

M: You mean you go to school _____ _____ _____ every day?

W: Dad, if I carry the heavy bag every day, I can't grow as tall as _____ _____ _____ _____.

16

① W: May I take your _____, please?

  M: Yes, I'll try the tomato spaghetti.

② W: What do you want for dinner?

  M: I'd like to have some pizza.

③ W: Please _____ _____.

  M: Thanks. It looks very delicious.

④ W: How _____ _____ _____ your steak?

  M: Well-done, please.

⑤ W: Would you like to have _____ _____?

  M: No, thanks. I'm really _____.

17

W: Would you _____ _____ _____ _____?

M: Sure. What can I _____ _____ _____?

W: I have to send this letter right now, but I also _____ _____ _____ _____ to receive other mail.

M: So, you want me to go to the post office?

W: That's right.

M: O.K. I'll do that.

18

W: Hi, Eric. What are you reading here?

M: I'm reading a romance story. Would you like to read this?

W: No, I love to _____ _____ _____ _____ in the past like in the Joseon Dynasty.

M: Oh, you mean you like _____ _____ _____.

W: Yeah, that's right.

19

W: What do you usually do _____ _____?

M: I read books in the _____ or go to the movies with my friends.

W: Is there a good library _____ _____ _____?

M: Yeah, there is a nice one that has a lot of interesting books.

W: How _____ do you go there?

M: Once a week.

20

M: Honey, are you _____ this trip?

W: Yes, Dad. I really like it here.

M: Would you like to do something tonight?

W: Sure. Do you _____ anything _____ _____?

M: What about an evening riverboat tour?

W: No. That _____ _____. Why don't we go to the theater?

M: Okay. I hear there's a _____ _____ at the Hilton Theater.

W: Great! Let's make a reservation.

01 다음을 듣고, 내일의 날씨를 고르시오.

①

②

③

④

⑤

02 대화를 듣고, 남자가 사려는 것으로 가장 적절한 것을 고르시오.

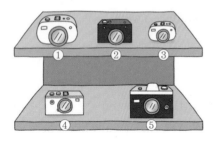

03 대화를 듣고, 여자의 심정으로 가장 적절한 것을 고르시오.

① angry   ② happy
③ worried   ④ lonely
⑤ relaxed

04 다음을 듣고, 남자가 즐겨하는 일이 <u>아닌</u> 것을 고르시오.

① jogging   ② swimming
③ watching TV   ④ watching movies
⑤ playing basketball

05 대화를 듣고, 대화가 이루어지는 장소를 고르시오.

① 은행   ② 시장
③ 택시 안   ④ 지하철 역
⑤ 엘리베이터 안

06 다음을 듣고, 여자가 하는 말의 목적으로 가장 적절한 것을 고르시오.

① 수업 교재 소개   ② 시험 대비 안내
③ 과제물 제출 안내   ④ 특별활동 소개
⑤ 운동 종목 안내

07 대화를 듣고, 남자가 여자 친구에게 줄 선물을 고르시오.

① 귀걸이   ② 목걸이
③ 반지   ④ 향수
⑤ 팔찌

08 대화를 듣고, 이어질 남자의 행동으로 가장 적절한 것을 고르시오.

① 숙제   ② 세차
③ 빨래   ④ 방 청소
⑤ 설거지

09 대화를 듣고, 두 사람이 만나기로 한 장소를 고르시오.

① 제과점   ② 극장
③ 박물관   ④ 학교
⑤ 버스 정류장

10 대화를 듣고, 여자에게 무슨 일이 있었는지 고르시오.

① 지갑을 도난당했다.
② 길을 잃었다.
③ 경찰에게 체포되었다.
④ 은행에 돈을 저금했다
⑤ 은행에서 도둑을 잡았다.

11 다음을 듣고, 제목으로 가장 적절한 것을 고르시오.

① 조깅의 장점
② 심장병을 예방하는 법
③ 체력을 키우는 방법
④ 마음을 다스리는 운동
⑤ 운동을 하는 이유

12 대화를 듣고, 남자의 마지막 말의 의도를 고르시오.

① 동의   ② 반대
③ 비난   ④ 설명
⑤ 감사

13 대화를 듣고, 남자가 받은 거스름돈의 액수를 고르시오.

① $3.00   ② $3.10
③ $3.60   ④ $4.10
⑤ $4.60

14 대화를 듣고, 두 사람의 관계로 가장 적절한 것을 고르시오.

① 박물관 직원 – 관람객
② 선생님 – 학생
③ 택시기사 – 손님
④ 점원 – 손님
⑤ 수리공 – 고객

15 대화를 듣고, 남자가 하려고 하는 일을 고르시오.

① 전화를 걸려고 한다.
② 은행에 가려고 한다.
③ 편지를 부치려고 한다.
④ 전화카드를 사려고 한다.
⑤ 편지를 쓰려고 한다.

16 대화를 듣고, 남자가 여자에게 불평하는 이유를 고르시오.

① 시끄럽게 떠들어서
② 새치기를 해서
③ 약속 시간에 늦어서
④ 영화표를 잃어버려서
⑤ 순서를 양보하지 않아서

17 다음 그림의 상황에 가장 적절한 대화를 고르시오.

① ② ③ ④ ⑤

18 다음을 듣고, 이어지는 질문에 대한 가장 적절한 응답을 고르시오.

① I'm sorry.
② Thanks a lot.
③ Please come here.
④ I don't know.
⑤ Let's dance together.

19 대화를 듣고, 여자의 마지막 말에 대한 남자의 응답으로 가장 적절한 것을 고르시오.

Man: _____

① Here it is.
② Don't mention it.
③ It's my pleasure.
④ Good. I'll take it.
⑤ Of course, you will.

20 대화를 듣고, 남자의 마지막 말에 대한 여자의 응답으로 가장 적절한 것을 고르시오.

Woman: _____

① How about going on a diet?
② How about traveling more often?
③ How about visiting your grandparents?
④ How about changing your study habits?
⑤ How about spending more time watching TV?

01 W: Here's the weather for tomorrow. Today we had _____ _____ all day, and there will be _____ _____ during the night. But, tomorrow you'll be able to enjoy typical autumn weather. It'll be _____ _____ _____ all day. It'll be a nice day for _____ _____.

02 W: Welcome to Universal Camera shop. Can I help you?

M: Yes. I need to buy a _____ _____ for my son.

W: What kind of camera do you want? Teenagers like to have a _____ _____ one.

M: But my son wants to have a _____ _____ one.

W: You mean the black one on the right?

M: No. I want the _____ camera in the _____.

03 M: Have you heard about Harry?

W: I haven't. _____ _____?

W: He broke his _____ last week.

M: That's too bad. How come?

W: He was _____ _____ _____ and fell down.

M: Poor Harry! I hope he will _____ _____ _____.

04 M: I'm a very _____ _____. I jog and I swim. I go to _____ _____ _____ movies and concerts. I sing _____ _____ _____. I play basketball with my

friends every _____. I like rock music and jazz. I don't watch TV very often.

05 W: Excuse me, can I get in?

M: Sure, come in.

W: Could you press the button for me? I don't have any _____ _____.

M: Of course, which floor?

W: _____ floor, please. Thanks a lot.

M: _____ _____.

06 W: You have been studying hard recently, haven't you? I expect you _____ _____ _____ _____ for the exam next week. This weekend, I want all of you _____ _____ _____ the lessons that we've studied this semester. Don't forget to _____ _____ 1, 2, and 3 from all the chapters. _____ _____ to read your notes very carefully before the examination.

07 W: Good afternoon, sir. May I help you?

M: I'm looking for a gift for my girlfriend.

W: Have you thought about jewelry?

M: Like what?

W: Well, look at this necklace. It's _____ _____ _____.

M: It's pretty, but I really can't _____ _____ _____ money.

W: Well, have you thought about _____ _____ _____ _____? It's not that expensive.

M: I think I will do that. Thanks for your help!

08
W: You know Mom _____ _____ _____ these days. I think we should help her.

M: That's right. What can we do for her?

W: I'll _____ the house. Why don't you do the laundry?

M: No, I don't know _____ _____ use the washing machine.

W: How about _____ _____ _____?

M: I love doing that.

09
M: Hi, Sumi. What are you going to do this afternoon?

W: This afternoon? Let me see.... _____ _____.

M: Good. How about going to a movie with me?

W: That's a good idea. Where shall we meet?

M: Let's meet at the _____ _____ near the bakery at _____.

W: That's fine. See you then.

10
W: Is there a police station around here?

M: Yes. There is one _____ _____ _____. Why?

W: I had my _____ _____.

M: Oh, that's too bad. What did you have in it?

W: I had cash and _____ _____ _____.

11
M: Jogging is _____ _____ _____ for several reasons. It is especially _____ _____ _____ _____. If you jog regularly, your heart will _____ _____. Jogging is also good for your legs. And many people believe _____ _____ _____ _____ your mind.

12
W: I have just read a book about a man.

M: What did he do?

W: He _____ _____ in the dry land for a long time. And the desert _____ _____ a forest.

M: That's incredible.

W: He taught me an important lesson, "Humans can change the world."

M: I _____ _____ more.

13
W: Can I help you?

M: _____, _____. I'd like a shrimp burger, French fries and a small Coke, please.

W: That will be _____ _____ _____ _____ _____.

M: O.K. Here you go.

W: You gave me ten dollars. _____ _____ _____, sir.

14
W: Are you _____ _____?

M: No, I'm just _____ _____.

W: Very well. Take your time. And ask me whenever you need anything.

M: Where can I _____ _____ _____?

W: There is a fitting room in the corner.

15
M: Excuse me. Could you please tell me where the nearest public phone is?

W: Hmm... Let's see. I think there's one next to the bank _____ _____ _____.

M: Thank you. By the way, is it a coin operated phone?

W: No, I think you _____ _____ _____ a phone card.

M: Oh, I see.

16
M: Hey, you!

W: Are you talking to me?

M: Yes, you. What _____ _____ _____ you are doing?

W: Huh? I am just going to _____ _____ _____.

M: Can't you see there's a line?

W: Oh, there is? I'm sorry. I _____ _____ there is a line.

17 ① M: Which season do you _____ _____ _____?

W: I like winter the most.

② M: Could I borrow your digital camera?

W: _____ _____ _____.

③ M: Have you heard about the _____ _____?

W: Yes, I heard it on the news.

④ M: Do you like these kind of _____?

W: Yes, I like paintings by Pablo Picasso.

⑤ M: Wow! Have you ever seen this many people here before?

W: Never. This is going to be a very _____ _____.

18
M: Body language _____ _____ country to country. For example, Americans shrug to say, "I don't know," but Koreans _____ _____ _____ left and right. _____ _____ _____ at someone is okay in Canada, but it is rude in Korea.

Q: What does it mean when Americans shrug?

19
W: May I help you?

M: Yes, please. I'd like a _____.

W: How about this one?

M: It's _____ _____. Can I see _____ _____?

W: Sure. How do you like this one?

M: Good. I'll take it.

20
W: Are you pleased with the _____ _____?

M: No, I failed.

W: That's _____ _____. You studied a lot.

M: Yes, I did. I'd like to _____ _____ next time. What should I do?

W: How about changing your study habits?

01 다음을 듣고, 요일과 날씨가 바르게 연결되지 <u>않은</u> 것을 고르시오.

①	②	③	④	⑤
Monday	Tuesday	Wednesday	Thursday	Friday

02 다음을 듣고, 지시에 따라서 만든 음식으로 가장 적절한 것을 고르시오.

①

②

③

④

⑤

03 대화를 듣고, 여자의 심정으로 가장 적절한 것을 고르시오.

① excited　　② satisfied
③ sad　　④ shy
⑤ relaxed

04 대화를 듣고, 여자가 주장하는 것을 고르시오.

① 신문을 자세히 읽자.
② 물을 아껴 쓰자.
③ 쓰레기를 길에 버리지 말자.
④ 폐품을 재활용하자.
⑤ 자연을 보호하자.

05 대화를 듣고, 대화가 이루어진 장소를 고르시오.

①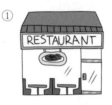

②

③

④

⑤

06 대화를 듣고, 남자의 마지막 말의 의도로 가장 적절한 것을 고르시오.

① 충고　　② 부탁
③ 사과　　④ 기원
⑤ 감사

07 대화를 듣고, 전화 메모 중 <u>잘못된</u> 부분을 고르시오.

Telephone Message	
To:	① Ann
From:	② Bob
Message:	③ want to see you
	④ in front of the museum
	⑤ at 9 o'clock tomorrow morning

08 대화를 듣고, 두 사람이 이번 주말에 할 일을 고르시오.

①

②

③

④

⑤

09 다음을 듣고, 남자의 일과를 순서대로 나열한 것을 고르시오.

(A) 　　(B) 　　(C)

① (A) – (B) – (C)　　② (B) – (A) – (C)

③ (C) – (A) – (B)　　④ (B) – (C) – (A)

⑤ (C) – (A) – (B)

10 다음을 듣고, 제목으로 가장 적절한 것을 고르시오.

① 독서의 중요성

② 실험 보고서 쓰는 법

③ 시험을 잘 보는 법

④ 규칙의 중요성

⑤ 실험을 잘하는 법

11 대화를 듣고, 두 사람이 하고 싶은 미래의 직업이 바르게 짝지어진 것을 고르시오.

	여자의 희망 직업	남자의 희망 직업
①	의사	의상 디자이너
②	의상 디자이너	의사
③	컴퓨터 그래픽 디자이너	컴퓨터 기술자
④	화가	의상 디자이너
⑤	컴퓨터 그래픽 디자이너	의사

12 대화를 듣고, 남자가 전화를 건 목적을 고르시오.

① 프랑스에 대한 숙제를 하려고

② 여행을 같이 가자고 제안하려고

③ 디지털 카메라를 빌리려고

④ 여행 잘 다녀오라고 인사하려고

⑤ 디지털 카메라 작동법을 물어보려고

13 대화를 듣고, 오늘이 며칠인지 고르시오.

① 3월 30일　　② 3월 31일

③ 4월 1일　　④ 4월 3일

⑤ 4월 30일

14 대화를 듣고, 두 사람의 관계로 가장 적절한 것을 고르시오.

① 교사 – 학생　　② 의사 – 환자

③ 사장 – 직원　　④ 시인 – 리포터

⑤ 손님 – 상점 주인

15 대화를 듣고, 남자가 원하는 것이 무엇인지 고르시오.

① 구두 수선　　② 머리 자르기
③ 책 구입　　　④ 가격 확인
⑤ 구두 구입

16 대화를 듣고, 두 사람이 책상을 옮기려는 이유를 고르시오.

① 새 책상을 들여놓으려고
② 더 밝은 곳으로 책상을 옮기려고
③ 책상 밑에 들어간 물건을 찾으려고
④ 책상 밑의 먼지를 닦아 내려고
⑤ 책상의 위치를 쓰기 편하게 바꾸려고

17 다음 그림의 상황에 가장 적절한 대화를 고르시오.

①　　②　　③　　④　　⑤

18 대화를 듣고, 남자가 지불해야 할 돈의 액수를 고르시오.

Item	Price
newspaper	$1.50
roll of film	$4.00
postcard	$1.00
pack of gum	$0.50

① $4.50　　② $5.00
③ $5.50　　④ $6.00
⑤ $6.50

19 대화를 듣고, 남자의 마지막 말에 대한 여자의 응답으로 가장 적절한 것을 고르시오.

Woman: _____

① I'm an animal doctor.
② Yes, have a nice day.
③ Oh, that sounds very nice.
④ It's my pleasure to be here.
⑤ It's about two blocks from here.

20 대화를 듣고, 여자의 마지막 말에 대한 남자의 응답으로 가장 적절한 것을 고르시오.

Man: _____

① O.K. I'll be waiting for your letter.
② I'll take a trip there someday.
③ O.K. I'll keep that in mind.
④ Oh, I forgot to tell you.
⑤ Oh, I didn't know that.

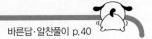
01 W: Good evening! Here is the _____ _____ for this week. We are expecting some _____ on Monday. And there will be _____ _____ on Tuesday. On Wednesday, you will need an _____ again. Unfortunately, we can't see _____ _____ on Thursday, either. On the following day it will be _____.

02 M: Would you like something from Italy? First, _____ _____ on a slice of bread. _____ _____ _____ vegetables like onions, carrots, or corn on the bread. _____ _____ _____ on top of the vegetables. Put the bread into the microwave and _____ _____ for 3 minutes.

03 M: Good morning. How can I help you?

W: I _____ _____ _____ _____ anywhere. It disappeared while walking in the park. It might have _____ _____.

M: Oh, that's too bad. What does it look like?

W: He's black and white. He has a _____ tail. His name is Silver. Please _____ _____ _____ _____. I can't imagine living without him.

04 W: _____ _____ the newspaper away, Kevin.

M: Why not? I've read it through. It's useless now.

W: No, it isn't. Don't throw away used paper. Don't you know that it can _____ _____? And you must not throw out _____ _____ and cans, either. We can and should recycle them.

M: I see, Mom.

05 M: How can I help you?

W: I _____ _____ _____ behind on the subway this morning.

M: Well, what does it look like?

W: It's a _____ backpack.

M: What was in it?

W: My books and notebooks.

M: O.K. Wait a _____, please.

06 W: Tomorrow is my piano concert.

M: Are you ready now?

W: I don't know. I've practiced a lot, but _____ _____ _____.

M: I'm sure you'll _____ _____.

W: Do you really think so?

M: Sure. I'll keep _____ _____ _____.

07 [Telephone rings.]

M: Hello. May I speak to Ann?

W: Sorry, she's not _____.

M: Oh, can I leave a message?

W: O.K. _____ _____, please?

M: This is Bob. _____ _____ _____ I want to meet her at the library at 9 o'clock tomorrow morning.

08 **M:** Are you going to see the movies this weekend?

W: No. I have a _____ _____ . Let's go to a basketball game.

M: How about going to a soccer game? I like soccer _____ _____ than basketball.

W: But there's no soccer game this weekend.

M: Okay. Let's go to a _____ game, then.

09 **M:** Before eating breakfast, I _____ _____ to jump rope for the P.E. test tomorrow. After breakfast, I helped my mom _____ _____ _____ . I took a break until I _____ _____ _____ Ron to the park in the afternoon.

10 **M:** When you do an experiment, _____ _____ _____ a report. Follow these steps, then you can write a good report. 1. Write the _____ . 2. Write the date of the experiment. 3. Write the _____ _____ the experiment. 4. Write the things you _____ _____ the experiment.

11 **M:** Jane, what do you want to be in the future?

W: Well, I really like art, but most jobs these days are related to _____ . I don't know what to study!

M: Why don't you study computer graphics? Then you can be a computer _____ _____ .

W: That's a good idea! I can do that. What are your _____ ?

M: I want to be a doctor. Someday I'll find a cure for cancer.

W: That's really nice.

12 *[Telephone rings.]*

M: Hello, Judy. This is Brian.

W: Hi, Brian. What's up?

M: I'm going to _____ _____ _____ to France next week. I'd like to take pictures there. Can I _____ your digital camera?

W: No problem. I hope you _____ _____ _____ _____ .

M: Thanks.

13 **M:** You look busy. What are you doing?

W: I have an important test _____ _____ _____ .

M: The day _____ _____ ?

W: Yes, and so I'm busy _____ _____ it.

M: Good luck. I'm sure you'll do well.

W: Thanks.

14 **W:** Mike! Where's your homework?

M: I'm sorry, Ms. Murphy. I couldn't do it.

W: You couldn't? _____ _____ ?

M: I had a _____ last night.

W: Will you do your homework by _____ _____ ?

M: Yes, I _____ .

15 M: Hey, you look different. Did you get your
_____ _____?

W: Yes. It's a little short, isn't it?

M: No, I think it looks great! Where did you
get it cut?

W: At Ann's Hair Salon. They do a nice job
and the price is _____.

M: That's good to know. By the way, do you
know any good shoe repair shops around
here? I have to get some _____
_____.

W: There's a little shoe repair shop next to
the bookstore.

M: Thanks a lot.

16 M: What are you doing? Are you _____
_____ _____?

W: Yeah. I can't find my ring.

M: How did you lose it?

W: I _____ _____ _____.
It rolled on the floor and disappeared. I
guess it is somewhere under the desk.

M: Then, _____ _____ move
the desk a little and _____
_____. Let me help you.

W: Thanks.

17 ① W: I'd like the _____, please.

M: Here you are, ma'am.

② W: Excuse me, is _____
_____ _____?

M: No, it isn't. You can sit here.

③ W: Can I help you?

M: I'd like to _____ this bag.

④ W: Is there a _____ _____
near here?

M: Yes, over there.

⑤ W: Can I use your computer?

M: Sure.

18 W: Can I help you?

M: Yes. I'd like a _____ _____
film and two _____.

W: A _____ _____ film and
two _____! Anything else?

M: No, thanks. _____ _____.

19 M: Good evening, ladies and gentlemen.
Welcome to our show. Tonight's winner
will get a _____ _____ to
Europe. Well, now here is our first guest.
[Pause] How do you do, ma'am?
_____ _____ _____
_____ your name, please?

W: Laura Jackson.

M: And what do you do, Laura?

W: I'm an animal doctor.

20 W: I'm visiting Australia next month. But I
don't know much about the country.

W: Well, you'd better take some _____
_____ there.

M: Why?

W: We are in summer here, but _____
_____ _____ there. You
know, they don't have the _____
_____ as we do.

M: O.K. I'll keep that in mind.

01 다음을 듣고, 내일의 날씨를 고르시오.

①

②

③

④

⑤

02 대화를 듣고, 남자의 여동생을 고르시오.

03 대화를 듣고, 남자의 심정으로 가장 적절한 것을 고르시오.

① 기대감　　　② 실망감
③ 자부심　　　④ 초조함
⑤ 상실감

04 대화를 듣고, 대화가 끝난 뒤 두 사람이 제일 먼저 할 일을 고르시오.

① 음악 감상　　　② 쇼핑
③ 저녁 식사　　　④ 영화 관람
⑤ 농구경기 관람

05 대화를 듣고, 대화가 이루어진 장소를 고르시오.

①

②

③

④

⑤

06 대화를 듣고, 여자가 말하는 의도를 고르시오.

① 격려　　　② 사과
③ 불평　　　④ 거절
⑤ 감사

07 대화를 듣고, 영화가 시작하는 시각을 고르시오.

① 5시 5분　　　② 5시 15분
③ 5시 25분　　　④ 5시 30분
⑤ 5시 35분

08 대화를 듣고, 두 사람이 내일 할 일을 고르시오.

① 음악 감상 　　② 친지 방문
③ 영화 관람 　　④ 농구 연습
⑤ 시험공부

09 대화를 듣고, 여자가 파티에 가져갈 음식을 고르시오.

① 　②

③ 　④

⑤

10 다음을 듣고, 무엇에 관한 내용인지 고르시오.

① medicine 　　② candy
③ ice cream 　　④ sugar
⑤ popcorn

11 대화를 듣고, 내용과 일치하지 <u>않는</u> 것을 고르시오.

① 남자는 시카고에 살고 있다.
② 남자는 형의 결혼식에 간다.
③ 남자는 8시 반 비행기를 놓쳤다.
④ 9시45분에 시카고행 비행기가 있다.
⑤ 남자는 형의 결혼식에 참석하기를 원한다.

12 대화를 듣고, 남자가 여자를 찾아간 목적을 고르시오.

① 가방을 사러 　　② 가방을 구경하러
③ 가방을 찾으러 　　④ 가방을 바꾸러
⑤ 가방을 팔러

13 대화를 듣고, 내용과 일치하는 것을 고르시오.

① They are in a hurry.
② The woman wants to take a bus.
③ The woman wants to take a taxi.
④ The man doesn't like walking.
⑤ A bus is more convenient.

14 대화를 듣고, 두 사람의 관계로 가장 적절한 것을 고르시오.

① 택시기사 – 승객 　　② 약사 – 의사
③ 약사 – 고객 　　④ 의사 – 간호사
⑤ 간호사 – 환자

15 대화를 듣고, 여자의 고민이 무엇인지 고르시오.

① 방학 동안 친구를 못 만나는 것
② 컴퓨터를 못 하는 것
③ 중국어 실력이 부족한 것
④ 수업 시간에 집중을 못 하는 것
⑤ 방학 동안 여행을 못 가는 것

16 대화를 듣고, 남자의 심정과 그 이유로 가장 적절한 것을 고르시오.

① 화가 난 – 차가 많이 막혀서
② 기쁜 – 우연히 친구를 만나서
③ 당황한 – 출근길에 차가 고장 나서
④ 화가 난 – 속도위반으로 딱지를 떼서
⑤ 당황한 – 퇴근길에 자동차 사고를 당해서

17 대화를 듣고, 두 사람의 대화가 <u>어색한</u> 것을 고르시오.

①   ②   ③   ④   ⑤

18 대화를 듣고, 두 학교의 차이점을 고르시오.

	남학생의 학교	여학생의 학교
①	학교 식당이 있다.	학교 식당이 없다.
②	점심시간이 정해져 있다.	점심시간이 정해져 있지 않다.
③	점심 메뉴가 정해져 있다.	원하는 음식을 선택해서 먹을 수 있다.
④	매일 식당에서 먹는다.	특별한 날에만 식당에서 먹는다.
⑤	학교 식당이 넓다.	학교 식당이 좁다.

19 대화를 듣고, 남자의 마지막 말에 대한 여자의 응답으로 가장 적절한 것을 고르시오.

Woman: _____

① So am I.
② I like volleyball best.
③ Oh, that sounds very nice.
④ Do you like volleyball, too?
⑤ I'd like to play volleyball with you.

20 대화를 듣고, 여자의 마지막 말에 대한 남자의 응답으로 가장 적절한 것을 고르시오.

Man: _____

① She likes English and art.
② She's kind and fair to us.
③ She is an English teacher.
④ She teaches English and art.
⑤ She likes learning new things.

01 W: Good afternoon. Here is the weather forecast for _____. It's going to _____ _____ _____. Please _____ _____ _____ when you go out.

02 W: Is your sister at the party now?

M: Sure. Uh, she's there. Do you see the girls at the _____?

W: Yes. I see some girls there.

M: My sister is the one with _____.

W: You mean the one wearing a _____ _____?

M: No, she is wearing _____.

03 W: Harry, what's up? You _____ _____ _____.

M: My team lost the basketball game.

W: Oh, Sorry to hear that. But cheer up! You'll _____ _____ next time.

M: All the players on my team practiced hard. I'm _____ _____.

W: Oh, come on. Winning is not everything.

04 M: Do you want to go to a basketball game?

W: Sorry, I don't like _____.

M: Well, why don't we go to a _____?

W: That sounds good, but I am hungry now. Let's _____ _____ _____.

M: Okay. What kind of food do you like?

W: I like Chinese food.

M: I know a good _____ _____ near here. Let's go.

05 M: May I help you?

W: Yes, I'd _____ _____ _____ a big burger, please.

M: _____ _____ _____?

W: A large Coke and an apple pie, please.

M: For here or _____ _____ _____?

W: For here, please.

M: That's 6,500 won. Thank you.

06 M: Would you like to go hiking together?

W: Yeah, sure. When do you _____ _____ _____?

M: This Saturday.

W: Oh, I'm sorry. I'm busy this Saturday. I'm going to _____ _____ my parents at the airport. They're _____ _____ _____ Europe.

M: Really? Well, maybe _____ _____ _____.

W: Yeah, thanks anyway.

07 M: Hurry up! The movie will start _____ _____ _____.

W: We still have some time to walk. Don't be in _____ _____ _____.

M: Look at my watch. It's 5:30.

W: Isn't it 5:15 now?

M: I _____ _____ _____ to the radio. We've got only five minutes.

W: Oh, no! Let's go quickly.

08 *[The phone rings.]*

M: Hello?

W: Hi, Tim. This is Ann. Are you free _____ _____?

M: Well, I have to do my _____.

W: How about tomorrow? Let's go to a movie.

M: _____ _____.

09 W: Hi, Minsu! Did you hear about Tom's potluck party this Friday night?

M: Sure. I was _____.

W: Me, too. What are you going to bring?

M: I'm going to bring _____ _____. How about you?

W: Well, I think I will bring a _____ _____ _____.

10 M: This thing is very popular in summer. You can buy it in a cup, in a cone, or on a stick. _____ like it more because it is cold and sweat. It's a _____ _____, and it feels good if you have a _____ _____.

11 M: Excuse me. _____ _____. I _____ the 8:30 flight to Chicago?

W: I'm sorry, but the 8:30 flight to Chicago _____ _____.

M: Oh, no! I missed the flight?

W: I'm afraid you did.

M: I can't believe it! _____ _____ _____ get to my brother's wedding. When is the next flight?

W: Let me see. There's one at 9:45.

12 W: May I help you?

M: Yes, I lost my school bag at this store this morning.

W: _____ _____.

M: Has anybody _____ it in yet?

W: _____ _____ _____. What does it look like?

M: It's a black backpack.

13 M: Do you want to take a taxi or a bus?

W: Let's take a taxi. It's faster.

M: We have _____ _____ to get there. How about taking a bus?

W: I'd rather take a taxi because a taxi is _____ _____.

M: All right. Taxi! _____ _____.

W: Thanks.

14 W: Where does it hurt?

M: It _____ _____. I fell down the stairs.

W: Did you? Don't _____ _____ _____. Please stay still.

M: Is the doctor _____ _____?

W: No, not yet. I'm sorry to keep you _____ _____ _____.

He'll be here in a minute.

15 M: Hi, Sujin. How have you been?

W: Fine. Did you _____ _____ during the summer holidays?

M: Yes. I learned some computer skills. They are really useful to me.

W: Good to hear that. But I've been worried about my Chinese. I _____ _____ _____ my Chinese.

M: I think you should practice Chinese every day. And _____ _____ _____ you had in class.

16 W: You _____ _____. Is there _____ _____?

M: Yes, as a matter of fact, there is.

W: Oh, really? What is it?

M: I got a ticket for speeding _____ _____ _____ _____ work this morning.

W: _____ _____? That's too bad.

17 ① **M:** Happy New Year!

W: The _____ _____ _____.

② **M:** Shall we go on a picnic?

W: _____ _____!

③ **M:** May I help you?

W: Yes, please.

④ **M:** Our team _____ _____ _____.

W: I'm glad to meet you.

⑤ **M:** Would you like _____ _____ _____?

W: No, thank you.

18 W: Is this your school cafeteria? It looks nice and large. What are we _____ _____ _____?

M: Today's menu is spaghetti and hotdogs.

W: Is that all? _____ _____ _____ what I'd like to have?

M: No, you can't. Each day we have only one set menu. Can students _____ _____ they want at your school?

W: _____ _____ they can.

19 M: What is your favorite sport?

M: I like judo and taekwondo.

W: What's the difference _____ _____ _____?

M: Judo is Japanese, and taekwondo is Korean. I like swimming, too. _____ _____?

W: I like volleyball best.

20 W: You're all _____ _____ now. How's your school?

M: Just fine. Learning new things is quite interesting.

W: _____ _____ your new teachers?

M: They are _____ _____ to me. Especially, I like Ms. Smith, my English teacher.

W: Well, what's she like?

M: She's kind and fair to us.

01 다음을 듣고, 모레의 날씨를 고르시오.

①

② ③

④

⑤

02 다음을 듣고, 지시에 맞게 그려진 그림을 고르시오.

①

②

③

④

⑤

03 다음을 듣고, 여자의 심정으로 가장 적절한 것을 고르시오.

① happy   ② sad

③ scared   ④ excited

⑤ nervous

04 대화를 듣고, 대화가 끝난 뒤 남자가 할 일을 고르시오.

① 축구하기   ② 청소하기

③ 설거지하기   ④ 저녁 식사하기

⑤ 숙제하기

05 대화를 듣고, 두 사람이 대화하는 장소를 고르시오.

① In a bus

② In a subway train

③ On the street

④ At Seoul Station

⑤ At Namdaemun Market

06 대화를 듣고, 여자가 의도하는 것으로 가장 적절한 것을 고르시오.

① 충고   ② 양보

③ 축하   ④ 불평

⑤ 사과

07 대화를 듣고, 내용을 바르게 요약한 것을 고르시오.

① 불평 – 사과   ② 사과 – 용서

③ 제의 – 감사   ④ 부탁 – 승낙

⑤ 요청 – 제안

08 대화를 듣고, 두 사람이 방과 후에 할 일을 고르시오.

① 병문안　　　② 보고서 작성
③ 발표회 참석　　④ 생일잔치 참석
⑤ 전시회 관람

11 대화를 듣고, 내용과 일치하지 <u>않는</u> 것을 고르시오.

① 같이 하려고 하는 일은 보고서 작성이다.
② 도서관에서 작업을 할 것이다.
③ 내일 오후 3시에 만나기로 했다.
④ John이 함께 작업을 하자고 제안했다.
⑤ 남자가 여자에게 오늘 저녁에 전화하기로 했다.

09 대화를 듣고, 내용과 관계있는 표지판을 고르시오.

①

②

③

④

⑤

12 대화를 듣고, 남자가 여자에게 전화를 건 목적을 고르시오.

① 사전을 빌려달라고 부탁하려고
② 사전을 사러 함께 가자고 말하려고
③ 사전을 빌려줄 수 없음을 알리려고
④ 빌려준 사전을 돌려받으려고
⑤ Bill에게 사전을 빌리려고

13 다음을 듣고, 남자가 조언하는 내용을 고르시오.

① 영어권 국가로 여행을 한다.
② 영어로 된 노래를 많이 듣는다.
③ 큰 소리로 영어책을 읽는다.
④ 영어를 종이에 쓰며 외운다.
⑤ 영어교과서를 암송한다.

10 대화를 듣고, 여자의 직업으로 가장 적절한 것을 고르시오.

① waitress　　② actress
③ salesperson　④ chef
⑤ flight attendant

14 대화를 듣고, 두 사람의 관계로 가장 적절한 것을 고르시오.

① son - mother　　② wife - husband
③ client - lawyer　④ secretary - boss
⑤ steward - passenger

15 다음을 듣고, 남자에 대한 설명이 <u>아닌</u> 것을 고르시오.

① 수학을 잘한다.
② 달리기를 잘한다.
③ 자전거로 등교한다.
④ 고등학교 1학년이다.
⑤ 시골에서 살고 있다.

16 대화를 듣고, 남자가 여자에게 감사하는 이유를 고르시오.

① 비행기를 예약해 주어서
② 도시를 구경시켜 주어서
③ 시간을 알려 주어서
④ 차를 빌려주어서
⑤ 여행사를 소개시켜 주어서

17 대화를 듣고, 두 사람의 대화가 <u>어색한</u> 것을 고르시오.

①　　　②　　　③　　　④　　　⑤

18 대화를 듣고, 알 수 있는 내용으로 가장 적절한 것을 고르시오.

① 남자는 화이트데이에 여자에게 꽃을 주었다.
② 남자는 화이트데이에 대하여 이미 다 알고 있었다.
③ 남자는 화이트데이에 대해서 못마땅하게 생각한다.
④ 여자는 발렌타인데이가 축하할 날이 아니라고 생각한다.
⑤ 미국에서는 발렌타인데이에 남녀가 초콜릿을 주고받는다.

19 대화를 듣고, 남자의 마지막 말에 대한 여자의 응답으로 가장 적절한 것을 고르시오.

Woman: _____

① I think it'll be fun.
② Because I feel lonely.
③ I want to be an animal doctor.
④ It's too much work.
⑤ I like puppies more.

20 대화를 듣고, 이 상황에서 할 수 있는 말로 가장 적절한 것을 고르시오.

You: _____

① I beg your pardon?
② I'm not interested in music.
③ You are a good singer, too.
④ You can say that again.
⑤ I want to sing like her.

01 W: Good morning. This is the National Weather Center. Today will be a _____ _____ like yesterday. The rain will stop late tonight. And tomorrow it will be sunny _____ _____ _____. It will be a beautiful day for a picnic and to enjoy the sun. The good weather will continue until _____ _____ _____ _____. Thank you for joining us.

02 W: Draw two circles _____ _____ _____. The right one is larger than the left one. _____ _____ in the right circle and a square _____ _____ _____ _____.

03 M: A woman stopped _____ _____ _____ _____ under a tall tree. It was lunch time. She was poor, so she didn't have lots of _____ _____ _____. She only had a small piece of bread. She _____ _____ the bread, but it was hard and stale. It didn't look appetizing, but that was all she had.

04 M: Mom, _____ _____ _____ do the dishes?
W: That's O.K. I'm almost done. Why don't you clean your room?
M: I've _____ _____ _____.
W: Then do your homework.

M: I don't have homework today. Mom, may I _____ _____ and play soccer?
W: All right, but _____ _____ _____ for dinner.

05 W: Excuse me, would you tell me when we _____ _____ Seoul Station?
M: Seoul Station? Uh-oh. We just passed it _____ _____ _____ _____.
W: Oh, no. What should I do? I'm going to Namdaemun Market.
M: Namdaemun Market? You'd _____ _____ _____ at the next subway station and catch a bus. Take number 20.
W: Thank you very much.

06 W: Are you feeling okay?
M: Yes, why do you ask?
W: You look really tired.
M: Actually, I haven't been sleeping well lately, but _____ _____ _____, I am doing okay.
W: There is _____ _____ _____ than your health.
M: You're right. I will try to _____ _____ _____ myself.

07
M: Where should I _____ _____ the bus to go downtown?

W: In front of the bank. If you'd like, I could _____ _____ _____ _____. I'm going in that direction.

M: Really?

W: Yeah, I have to go downtown to _____ _____ my sister.

M: Great. Thanks for the offer.

W: _____ _____ _____.

08
M: I haven't seen Mr. Baker these days.

W: I heard he's _____ _____ _____.

M: Really? What's the matter?

W: I have no idea.

M: Shall we drop in and see _____ _____ _____?

W: Okay. When?

M: How about _____, _____ _____?

W: That's fine with me.

09
W: Oh, Jack. You shouldn't do that.

M: Why not, Mom?

W: _____ _____ _____ _____ over there. Feeding animals is not allowed here.

M: Oh, I didn't see it. Sorry. Anyway, why shouldn't we _____ _____?

W: It's bad for the animals' health. What you give to them may be _____ _____ _____.

M: I get it, Mom.

10
M: Excuse me, could I have _____ _____ _____, please?

W: Sure. _____ _____ _____ _____?

M: I'd like some orange juice.

W: No problem.

M: And by the way, what time do we arrive in New York?

W: _____ _____ _____.

11
W: Brian, have you finished the report?

M: Not yet.

W: Then Shall we prepare for it together?

M: Sounds good. We'd better work in the library.

W: Right. What time shall we _____ _____?

M: How about at three o'clock tomorrow afternoon in front of the library?

W: That's _____ _____ me. By the way, I wonder if John wants to join us.

M: I'll _____ and _____ you tonight.

12 *[Telephone rings.]*

M: Hello, Mary. This is Tom.

W: Hi, Tom. _____ _____?

M: I'm sorry, but I _____ _____ you my dictionary.

W: Why not?

M: I can't find it in my house. _____ _____ _____ ask Bill?

W: All right. _____ _____.

13 **M:** All students want to improve their English speaking ability. I am one of them, and I'd _____ _____ _____ a way to all of you. I read books _____ _____ _____. I have never been to America but I _____ my _____ quite a lot. Why don't you try yourself?

14 **M:** Excuse me. You have to put your bag _____ your seat.

W: Oh, yes.

M: I'm sorry, but you can't _____ _____ _____ _____.

W: Sorry, I forgot.

M: And you need to _____ _____ _____.

W: Oh, right.

15 **M:** Hello, I'm 17 years old, and I go to Hanguk Highschool. I'm in my _____ year. I live in the _____, about two kilometers from school, so I go to school by _____. I really like English, but I'm not good at _____ or math. I'm very good at running, and I run for the school team.

16 **M:** How time flies! It's already five.

W: Well, how was the _____?

M: It was wonderful. It's very _____ _____ _____ to show me around the city. I don't know _____ _____ thank you.

W: My pleasure.

17 ① **M:** What grade are you in?

W: I'm in the _____ grade.

② **M:** What time shall we make it?

W: In front of the post office.

③ **M:** How was the musical 'Cats'?

W: It was great. I've never seen _____ a good musical.

④ **M:** Would you like to come to my house?

W: Yes, I'd _____ to.

⑤ **M:** How can I get to the _____ _____?

W: Sorry. I'm a _____ here.

18 **W:** Do you _____ Valentine's Day in America?

M: Yes. Boys and girls exchange chocolate on Valentine's Day. What about in Korea?

W: In Korea, only girls _____ _____ _____.

M: How about girls? They don't get anything?

W: Not on Valentine's Day. They _____ _____ on White Day.

M: How interesting!

19 **M:** I'm thinking _____ _____ _____ _____ for my friend.

W: What kind of pet?

M: I'm thinking about a cat, I mean, a kitten. What do you think of raising cats?

W: In fact, I'm _____ raising pets.

M: What's the _____?

W: It's too much work.

20 **W:** You and your brother are watching a _____ _____ on TV together. A _____ _____ singer is on stage. Your brother says that she is one of the best singers in Korea. You have the same _____ as he. In this situation, what would you say?

M: You can say that again.

사각사각
네컷만화

오늘의 운세

글 / 그림 우쿠쥐

수학 개념을 쉽게 이해하는 방법?
개념수다로 시작하자!

수학의 진짜 실력자가 되는 비결 -
나에게 딱 맞는 개념서를 술술 읽으며 시작하자!

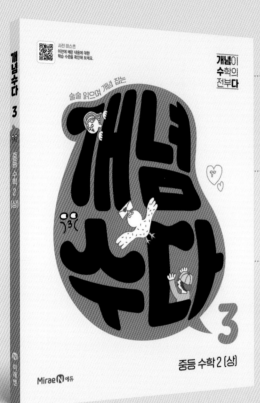

**개념
이해**
친구와 수다 떨듯 쉽고 재미있게,
베테랑 선생님의 동영상 강의로 완벽하게

**개념
확인·정리**
깔끔하게 구조화된 문제로 개념을 확인하고,
개념 전체의 흐름을 한 번에 정리

**개념
끝장**
온라인을 통해 개개인별 성취도 분석과
틀린 문항에 대한 맞춤 클리닉 제공

| 추천 대상 |
• 중등 수학 과정을 예습하고 싶은 초등 5~6학년
• 중등 수학을 어려워하는 중학생

수학은 순서를 따라 학습해야 효과적이므로,
초등 수학부터 꼼꼼하게 공부해 보자.

개념이 수학의 전부다
수학 개념을 제대로 공부하는 EASY 개념서
개념수다 시리즈

0_초등 핵심 개념
3_중등 수학 2(상), 4_중등 수학 2(하)
5_중등 수학 3(상), 6_중등 수학 3(하)

초등 핵심 개념
한 권으로 빠르게 정리!

중등 도서 안내

국어 독해·문법·어휘 훈련서

수능 국어의 자신감을 깨우는 단계별 실력 완성 훈련서

독해	0_준비편, 1_기본편, 2_실력편, 3_수능편
어휘	1_종합편, 2_수능편
문법	1_기본편, 2_수능편

영어 문법·독해 훈련서

중학교 영어의 핵심 문법과 독해 스킬 공략으로
내신·서술형·수능까지 단계별 완성 훈련서

GRAMMAR
BITE

문법	PREP
문법	Grade 1, Grade 2, Grade 3
문법	PLUS (중등)

READING
BITE

독해	PREP
독해	Grade 1, Grade 2, Grade 3
독해	SUM

내신 필수 기본서

자세하고 쉬운 설명으로 개념을 이해하고, 특별한 비법으로 자신 있게
시험을 대비하는 필수 기본서

엔픽

[2022 개정]

사회	①-1, ①-2*
역사	①-1, ①-2*
과학	1-1, 1-2*

*2025년 상반기 출간 예정

올리드

[2022 개정]

국어	(신유식) 1-1, 1-2*
	(민병곤) 1-1, 1-2*
영어	1-1, 1-2*

*2025년 상반기 출간 예정

[2015 개정]

국어	2-1, 2-2, 3-1, 3-2
영어	2-1, 2-2, 3-1, 3-2
수학	2(상), 2(하), 3(상), 3(하)
사회	①-1, ①-2, ②-1, ②-2
역사	①-1, ①-2, ②-1, ②-2
과학	2-1, 2-2, 3-1, 3-2

*국어, 영어는 미래엔 교과서 연계 도서입니다.

수학 개념·유형 훈련서

빠르게 반복하며 수학 실력을 제대로 완성하는
단계별 내신 완성 훈련서

리피트

[2022 개정]

수학	1(상), 1(하), 2(상), 2(하), 3(상)*, 3(하)*

*2025년 상반기 출간 예정

 개념수다

[2015 개정]

수학	2(상), 2(하), 3(상), 3(하)

 올리드 유형완성

[2015 개정]

수학	2(상), 2(하), 3(상), 3(하)

미래엔
교과서

평가
문제집

MIDDLE SCHOOL

English 2-1

바른답
알찬풀이

평가 문제집

바른답
알찬풀이

Vocabulary

(1) danger　(2) coworker　(3) adventurous　(4) recycle
(5) be good at　(6) ~당, 매 ~　(7) 한때　(8) 경비원, 문지기, 관리인　(9) 전체의　(10) ~을 선물로 주다(기부하다)

A cartoonist　B ②　C ②　D vote for
E (1) at　(2) away　(3) on

A 음악 : 음악가 = 만화 : 만화가
▶ 짝지어진 단어는 '명사 : 직업명'의 관계이다.

B ① 전체의　③ 긴장한　④ 충분한　⑤ 모험심이 강한
▶ ② unique(독특한): 그 종류 중에서 단 하나의

C ① 진짜의 : 진짜로
② 친구 : 우호적인
③ 갑작스러운 : 갑자기
④ 기분 좋은 : 쾌활하게
⑤ 놀라운 : 놀랍게도
▶ ②는 '명사 – 형용사'의 관계이며, ②를 제외한 나머지는 '형용사 – 부사'의 관계이다.

D ▶ vote for ~에 투표하다

E (1) Lisa는 요리를 잘한다.
(2) Andy는 그의 책과 장난감을 그의 사촌에게 선물로 주었다.
(3) 그 작가는 그녀의 아들을 주인공 모델로 썼다.
▶ (1) be good at ~을 잘하다　(2) give away ~을 선물로 주다　(3) model ... on ~ ~을 본떠서 …을 만들다

Expressions

A I'm sure the turtle is going to win
B ③　C at singing　D ④

A A: 토끼가 자고 있어.
B: 거북이가 경주에서 이길 게 확실해.
▶ 확신을 나타낼 때는 I'm sure (that) ~을 사용한다. that 뒤에는 「주어+동사」 형태의 절이 오며 that은 생략 가능하다.

B (B) 내일은 우리 엄마의 생신이야. 내가 그녀를 위해서 무엇을 할까?
(A) 그녀를 위해 케이크를 구우면 어때? 넌 빵 만들기를 잘하잖아.
(D) 그거 좋은 생각이다. 우리 엄마가 내 케이크를 좋아했으면 좋겠다.
(C) 너의 엄마는 그것을 좋아하실 것이 확실해.
▶ 엄마의 생신에 무엇을 해드리는 게 좋을지 조언을 구하자(B) 케이크를 구워드리는 것이 좋겠다고 답하고(A) 엄마가 자신이 만든 케이크를 좋아하시기를 바라자(D) 이에 대해 좋아하실 것이라고 확신하는(C) 흐름이 자연스럽다.

C ▶ be good at은 '~을 잘하다'라는 뜻이다. 전치사 at 뒤에 동사가 목적어로 쓰이면 동명사로 쓴다는 점에 유의한다.

D B: 안녕, Cindy? 뭐가 잘못됐니?
G: 전교생 앞에서 연설을 해야 해. 너무 긴장돼.
B: 걱정하지 마. 넌 매우 훌륭한 연사잖아. ④난 네가 잘할 것을 확신해.
G: 고마워, 민호야. 이제 기분이 훨씬 나아졌어.
▶ 기분이 훨씬 나아졌다는 말이 이어지는 것으로 보아, 빈칸에는 불안해하는 상대방에게 잘할 것을 확신한다며 격려하는 표현이 알맞다.
① 그게 좋겠다.
② 그 소식을 들으니 유감이다.
③ 너는 춤을 잘 추지 못하잖아.
⑤ 네가 실수를 할 것이 확실해.

Grammar

A (1) who　(2) which　(3) that　B (1) after　(2) While
C (1) I have a magic pencil which can do my homework.
(2) I'm looking for the man who sent me this message.
D ④　E ④

A (1) 그가 이 나무를 심은 사람이다.
(2) 나는 토핑이 많은 피자를 좋아한다.
(3) 그는 다채로운 그림들이 있는 책을 한 권 샀다.
▶ (1) 선행사가 the man으로 사람이므로 주격 관계대명사는 who가 알맞다.
(2) 선행사가 pizza로 사물이므로 주격 관계대명사는 which가 알맞다.
(3) 선행사가 a book으로 사물이므로 주격 관계대명사는 that이 알맞다.

B ▶ (1) '~한 후에'를 뜻하는 접속사 after가 와야 한다.
(2) '~하는 동안'을 뜻하는 접속사 while이 와야 한다.

C (1) 나는 내 숙제를 할 수 있는 마법의 연필을 갖고 있다.

(2) 나는 내게 이 메시지를 보낸 남자를 찾고 있다.

▶ (1) 앞 문장과 뒤 문장의 공통적인 부분은 a magic pencil과 It이다. 선행사가 사물이므로 It을 주격 관계대명사 which로 바꾸어 문장을 연결한다.

(2) 앞 문장과 뒤 문장의 공통적인 부분은 the man과 He이다. 선행사가 사람이므로 He를 주격 관계대명사 who로 바꾸어 문장을 연결한다.

D 나는 세수를 했다. 그러고 나서, 나는 이를 닦았다.

= 나는 세수를 한 후, 이를 닦았다.

▶ 세수를 한 후, 이를 닦은 것이므로 접속사 after(~한 후에)가 알맞다.

E ① 나는 무서운 영화를 좋아하지 않는다.

② 그는 그의 생일 선물이었던 시계를 잃어버렸다.

③ 열쇠를 갖고 있는 여자는 여기에 없다.

④ 그 남자는 고장 난 자전거를 모두 고쳤다.

⑤ 밖에서 기다리고 있는 아이는 내 남동생이다.

▶ ④ 선행사인 all the bikes는 복수이므로 관계대명사절의 동사도 복수동사인 were를 써야 한다.

Reading

pp. 14~16

Reading Practice

01 ④ **02** ④ **03** ④ **04** ⑤ **05** ⑤ **06** She rides a super scooter which(that) can fly. **07** ③ **08** ③ **09** who(that) **10** ⑤ **11** Ms. Park and Mr. Kim **12** ④ **13** ⑤ **14** While studying **15** ③

01~04

내 이름은 호진이고 나는 만화 소설 쓰는 것을 좋아한다. 나는 지난주에 학교에서 집으로 걸어가는 중에 스쿠터에 탄 한 여자를 봤다. 그녀는 정말 멋져 보였고 그녀의 스쿠터는 정말 독특했다. "집에 가는 거니, 호진아?" 갑자기 그녀가 나에게 말했다. "네, 그런데 저를 아시나요?" 나는 물었다. "당연하지." 그녀는 대답했다. "나는 매일 학교 식당에서 너를 본단다." 놀랍게도, 그녀는 학교 식당 직원들 중 한 분이었다. '굉장하다! 학교 밖에서는 정말 달라 보이시네.'라고 나는 생각했다. '그녀에 대한 만화 소설을 써야겠다.'

【Words】 graphic novel 만화 소설   while ~하는 동안   unique 독특한   cafeteria 구내식당   surprisingly 놀랍게도   amazing 놀라운, 굉장한

01 ① 가을은 시원하다.

② 이것을 시원하고 건조한 곳에 보관하세요.

③ 시원한 물을 원하세요?

④ 그들의 새로운 노래는 멋진 것 같다.

⑤ 오늘은 날씨가 좋고 시원하다.

▶ ⓐ와 ④는 '멋진'의 의미로 쓰였다. 나머지는 '시원한'의 의미로 쓰였다.

02 ▶ 주어진 문장에서는 스쿠터에 탄 여자가 누구인지 깨닫고 호진이가 놀라워하는 것을 알 수 있다. 따라서 주어진 문장은 스쿠터에 탄 여자가 자신이 누구인지 알려주는 문장 "I see you at the school cafeteria every day." 뒤인 ④에 오는 것이 자연스럽다.

03 ▶ ④ 호진이는 스쿠터에 탄 여자가 누구인지 처음에 못 알아봐서 여자에게 "저를 아시나요?"라고 물어보았다.

04 ① 피곤한 ② 화난 ③ 지루한 ④ 외로운 ⑤ 다른

▶ 글의 도입부분에서 호진이가 스쿠터에 탄 여자가 멋지다고 생각하였고, 처음에는 누구인지 못 알아본 것으로 여자는 평소 호진이가 학교에서 본 모습과는 달라 보임을 알 수 있다. 따라서 빈칸에는 '다른'을 뜻하는 형용사 different가 알맞다.

05~08

집에 도착한 후에, 나는 《런치 레이디 탄생하다》라는 만화 소설을 쓰기 시작했다. 이 소설에서, 런치 레이디는 슈퍼히어로다. 그녀는 날 수 있는 슈퍼 스쿠터를 탄다. 그녀는 전 세계의 위험에 빠진 사람들을 구한다. 그녀는 또한 1초에 100개의 쿠키를 만들고 그것들을 배고픈 어린이들에게 나눠 준다. 며칠이 지나, 나는 내 만화 소설을 친구들에게 보여 주었다. "굉장해! 나는 이 슈퍼히어로가 마음에 들어. 그녀는 정말 멋져."라고 내 모든 친구들이 말했다. "그게 있지? 나는 우리 학교 식당 직원들 중 한 분인 이 조리사님을 본떠서 그녀를 만든 거야."라고 나는 친구들에게 말했다.

【Words】 superhero 슈퍼히어로   super 아주 좋은   danger 위험, 위기   per ~당, 매 ~   a few 어느 정도, 조금, 약간   awesome 굉장한, 멋진   model ... on ~을 본떠서 …을 만들다

05 ▶ ⓐ~ⓓ는 소설의 주인공인 Lunch Lady를 가리킨다. ⓔ는 호진이의 학교 식당 직원인 이 조리사님을 가리킨다.

06 ▶ 앞 문장의 선행사(a super scooter)가 사물이므로 주격 관계대명사 which(that)를 사용하여 뒤의 문장을 연결한다.

07 ▶ (B) give away A to B: A를 B에게 선물로 주다(기부하다) (C) show A to B: A를 B에게 보여 주다

08 ① 글쓴이의 만화 소설의 제목은 무엇인가?

② 슈퍼 스쿠터는 무엇을 할 수 있는가?

③ Lunch Lady는 얼마나 많은 사람들을 구했는가?

④ Lunch Lady는 1초에 얼마나 많은 쿠키를 만들 수 있는가?

⑤ 글쓴이는 Lunch Lady를 누구를 본떠서 만들었는가?

▶ ③ Lunch Lady가 얼마나 많은 사람을 위험에서 구했는지는 본문에 나타나 있지 않다.

09 ~ 11

나는 내 책을 이 조리사님께 보여드렸다. 그녀도 그것을 좋아했다. 그녀는 내게 특별한 재능을 가진 그녀의 동료들에 대해서도 말했다. 또 다른 학교 식당 직원인 박 조리사님은 춤 경연 대회에서 우승했다. 우리 학교 관리인인 김 선생님은 한때 모험심 있는 공원 경비원이었다. "저는 그분들에 관한 슈퍼히어로로 이야기를 쓰고 싶어요. 그분들이 그것을 좋아할까요?" 나는 이 조리사님께 물었다. "당연히 좋아할 거야."라고 그녀는 쾌활하게 말했다. "가서 우리의 새로운 슈퍼히어로로 친구들에게 인사를 하자."

【Words】 coworker 동료, 함께 일하는 사람   talent 재능   janitor 경비원, 관리인   once 한때   park ranger 공원 경비원   cheerfully 쾌활하게, 기분 좋게   say hello to 인사하다, 안부를 전하다

09 ▶ 앞 문장의 선행사(her coworkers)가 사람이므로 빈칸에는 주격 관계대명사 who(that)가 알맞다.

10 ▶ ① Ms. Lee는 글쓴이의 책을 좋아하였다.
② Ms. Park은 학교 선생님이 아닌 학교 식당 조리사님이시다.
③ Ms. Park은 노래 경연대회가 아닌 춤 경연대회에서 우승한 적이 있다고 하였다.
④ Mr. Kim은 전에는 공원 경비원이었다.

11 ▶ ⓑ는 이 조리사님의 동료들인 박 조리사님(Ms. Park)과 학교 관리인 김 선생님(Ms. Kim)을 가리킨다.

12 ~ 13

나의 이모는 나의 역할 모델이다. 그녀는 똑똑하고, 강하고, 그리고 모험심이 강하다. 30대에, 그녀는 70개의 다른 나라들을 여행했다. 여행하는 동안, 그녀는 전 세계의 사람들과 친구가 되었다. 나는 그녀처럼 새로운 것을 시도하는 것을 두려워하지 않는 사람이 되고 싶다.

【Words】 role model 역할 모델   in one's 30s 30대의 나이에   make friends 친구가 되다   all over the world 세계 도처에   be afraid of ~을 두려워하다

12 ① 나의 재능
② 나의 취미
③ 나의 모험
⑤ 나의 여행 일기
▶ 글쓴이의 역할 모델인 이모에 관한 글이므로 제목으로 가장 알맞은 것은 ④ '나의 역할 모델'이다.

13 ① 다른 사람들의 말을 경청하는
② 항상 다른 사람들을 도와주는
③ 재미있는 농담을 잘하는
④ 항상 다른 사람에게 좋은 충고를 하는

▶ 이모는 모험심이 강하고 70개국을 여행하였다고 하였으므로, 빈칸에는 '새로운 것을 시도하는 것을 두려워하지 않는' 이모의 특성이 알맞다.

14 ~ 15

Julia Child는 30대에 그녀의 진정한 재능을 발견한 사람이다. 36세에, 그녀는 그녀의 남편과 함께 파리로 이주했다. 그녀는 거기서 유명한 요리 학교에 다녔다. 공부하는 동안, 그녀는 요리책을 쓰기로 결심했다. 그 책은 큰 성공을 거두었다.

【Words】 attend (…에) 다니다   decide 결심하다   hit 히트, (음악, 책 등의) 성공

14 ▶ 부사절의 주어가 주절의 주어와 같고 동사가 be동사일 때는 부사절의 「주어＋be동사」 생략할 수 있다.

15 ▶ ③ 파리에서 다닌 학교 이름은 구체적으로 언급되어 있지 않다.

단원 Test

01 adventurous   **02** model   **03** ⑤   **04** You're(You are) really good at drawing.   **05** ②   **06** your mom will love it   **07** ③   **08** ②, ③   **09** ④   **10** Thomas Edison was the scientist who(that) invented the light bulb in 1879.   **11** after I finish my violin lesson   **12** ②   **13** ②   **14** ②   **15** ④   **16** ⓐ Surprisingly ⓑ different   **17** ④   **18** ④   **19** ④   **20** one of our cafeteria workers   **21** ② other → another   **22** ④   **23** ②   **24** who is not afraid of trying new things   **25** (B)-(D)-(C)-(A)

01 힘: 힘 있는 = 모험: 모험심이 강한
▶ 짝지어진 두 단어는 '명사 : 형용사'의 관계이다.

02 • 아브라함 링컨은 나의 역할 모델이다. 나는 그와 같이 되고 싶다.
• 그 작가는 그의 학생들을 모델로 등장인물들을 쓸 것이다.
▶ role model 역할 모델, (존경하며 본받고 싶도록) 모범이 되는 사람 / model ... on ~ ~을 본떠서 …을 만들다

03 (B) 뭐 하고 있니?
(D) 나는 내 오래된 청바지로 스마트폰 케이스를 만들고 있어.
(A) 왜! 넌 오래된 옷을 재활용하는 것을 잘하는구나.
(C) 고마워. 나는 재활용하는 것을 좋아해. 그건 재미있고, 또한 우리 지구를 위해서도 좋아.
▶ 무엇을 하고 있는지 묻고 답한 후(B) - (D) 재활용을 잘한다는 칭찬과(A) 이에 대한 감사 인사가(C) 이어지는 것이 자연스럽다.
【Words】 recycle 재활용하다   out of ~으로   clothes 옷, 의복

4 바른답 · 알찬풀이

유리: 뭐 하고 있니, Jaden?

Jaden: 만화를 그리고 있어.

유리: 정말? 내가 좀 봐도 되니?

Jaden: 아니, 아직 안 돼.

유리: 왜 안 돼? 내게 조금만 보여 줄 수 있잖아. 그렇지 않니?

Jaden: 음, 그럴 수 있지.

유리: (잠시 후) 하하하! 굉장하다! 네 만화가 마음에 들어. 너는 그리기를 아주 잘하는구나.

Jaden: 그렇게 생각해? 나는 만화가가 되고 싶어. 하지만 내 그림 실력이 충분히 좋은 것 같지가 않아.

유리: 네 만화는 정말 재미있어. 그리고 독특한 캐릭터도 있고 말이야. 네가 훌륭한 만화가가 될 거라고 확신해.

Jaden: 고마워, 유리야. 네가 날 정말 기쁘게 해줬어.

【Words】 awesome 멋진, 굉장한   cartoonist 만화가   character 등장인물

04 ▶ be really good at은 '~을 아주 잘하다'라는 뜻이다. 전치사 at 뒤에 동사는 동명사의 형태(drawing)가 되어야 한다.

05 ▶ 빈칸 ⓑ는 전후에 상반되는 내용이 나오고 있으므로 역접을 나타내는 접속사 but이 알맞다. 빈칸 ⓒ는 전후에 Jaden의 그림의 장점이 열거되고 있으므로, 비슷한 것을 나열할 때 쓰는 접속사 and가 알맞다.

06 A: 내일은 우리 엄마의 생신이야. 내가 그녀를 위해서 무엇을 할까?

B: 그녀를 위해 케이크를 구우면 어때? 넌 빵 만들기를 잘하잖아.

A: 그거 좋은 생각이다. 우리 엄마가 내 케이크를 좋아했으면 좋겠다.

B: 너의 엄마가 그것을 좋아하실 것이 확실해.

▶ 대화의 흐름상 빈칸에는 '엄마가 그것(케이크)을 좋아하실 것이다'라는 말이 알맞다. 확신을 나타낼 때는 I'm sure (that) ~을 사용하며, that 뒤에는 「주어+동사」 형태의 절이 온다.

07 안녕, 모두들. 나는 김유진이야. 나는 너희들의 학급 반장이 되고 싶어. 나는 경청을 잘하고 항상 다른 사람들을 도우려고 노력해. 나는 또한 재미있는 학급 활동을 계획하는 것을 잘해. 나는 우리 반을 위해 열심히 일할 거야, 그러니 내게 투표해 줘. 들어 줘서 고마워!

▶ 주어진 문장은 also(또한)로 보아 자신의 장점을 추가적으로 나열하는 문장임을 알 수 있다. 따라서 첫 번째 장점을 서술한 문장 I'm a good listener and always try to help others. 뒤인 ③에 주어진 문장이 들어가는 것이 자연스럽다.

【Words】 president (학급의) 반장   vote for ~에 투표하다

08 나는 벽을 통과해서 걸을 수 있는 사람이 되고 싶다.

▶ 관계대명사절이 수식하는 선행사가 사람일 때 관계대명사는 who나 that을 쓴다.

【Words】 through ~을 통과하여

09 • 나는 영화 도중에 잠이 들었다.

• 나는 TV를 보는 동안 잠이 들었다.

▶ during은 전치사로 뒤에 명사가 오며 '~ 동안'을 뜻한다. while은 접속사로 뒤에 주어와 동사를 갖춘 절이 오며, '~하는 동안'을 뜻한다.

10 토마스 에디슨은 1879년에 전구를 발명한 과학자이다.

▶ scientist와 동사 invented 사이에 주격 관계대명사 who(that)가 들어간다.

【Words】 invent 발명하다

11 나는 바이올린 수업을 마친 후에 영화를 보러 갈 것이다.

▶ after는 접속사로 접속사 뒤에는 「주어+동사」가 이어진다.

12 • 나는 많은 책을 담을 수 있는 가방을 갖고 있다.

• 너는 Jason과 함께 놀고 있는 소년을 아니?

▶ 첫 번째 문장은 선행사(a bag)가 사물이므로 주격 관계대명사로 which(that)가 알맞다. 두 번째 문장은 선행사(the boy)가 사람이므로 주격 관계대명사로 who(that)가 알맞다.

【Words】 hold 담다, 수용하다

13 ① 나는 쇼핑하는 동안 Lucy를 만났다.

② 나는 샤워를 한 후에, 잠자리에 들었다.

③ 그는 조깅을 하는 동안, 전화를 받았다.

④ Tom이 책을 읽는 동안, 나는 TV를 봤다.

⑤ 네가 밖에 있는 동안, 너에게 전화가 왔어.

▶ while은 동시에 진행되는 상황을 나타내는 말이다. ②는 문맥상 접속사 After(~ 후에)가 알맞다.

14 ① Lisa는 매우 비싼 드레스를 갖고 있다.

② 그녀는 그가 결혼했다는 것을 몰랐다.

③ 나의 옆집에 사는 남자는 요리사이다.

④ Kevin은 무거운 가방을 들고 있는 노부인을 도와주었다.

⑤ 나는 하늘을 날 수 있는 자동차를 갖고 싶다.

▶ ②의 that은 동사 know의 목적어로 쓰인 명사절을 이끄는 접속사이다. 나머지 that은 선행사를 수식하는 주격 관계대명사이다.

15 A: 아이들은 자고 있나요?

B: 아니요, 그들은 자고 있지 않아요. 그들은 그들의 엄마가 집에 온 후 자러 갈 거예요.

▶ 시간의 부사절에서는 현재시제가 미래시제 대신 쓰여 미래의 의미를 나타낸다. ④ will come → comes

16 ~ 18

내 이름은 호진이고 나는 만화 소설 쓰는 것을 좋아한다. 나는 지난 주에 학교에서 집으로 걸어가는 중에 스쿠터에 탄 한 여자를 봤다.

그녀는 정말 멋져 보였고 그녀의 스쿠터는 정말 독특했다. "집에 가는 거니, 호진아?" 갑자기 그녀가 나에게 말했다. "네, 그런데 저를 아시나요?" 나는 물었다. "당연하지," 그녀는 대답했다. "나는 매일 학교 식당에서 너를 본단다." 놀랍게도, 그녀는 학교 식당 직원들 중 한 분이었다. '굉장하다! 학교 밖에서는 정말 달라 보이시네,'라고 나는 생각했다. '그녀에 대한 만화 소설을 써야겠다.'

【Words】 graphic novel 만화 소설 while ~하는 동안 unique 독특한 cafeteria 구내식당 surprisingly 놀랍게도 amazing 놀라운, 광장한

16 ▶ ⓐ 빈칸에는 문장 전체를 꾸며주는 부사 Surprisingly가 알맞다. ⓑ look은 감각동사로 형용사를 목적격 보어로 취하므로 빈칸에는 different가 알맞다.

17 ① 호진이는 무엇을 하는 것을 좋아하는가?
② 호진이는 스쿠터를 탄 여자를 언제 보았는가?
③ 여자는 호진이를 매일 어디에서 보는가?
④ 학교에는 몇 명의 식당 직원이 있는가?
⑤ 호진이는 무엇에 관해 쓰기로 결심했는가?
▶ ④ 학교에 몇 명의 식당 직원이 있는지는 윗글에 나타나 있지 않다.

18 ① 슬픈 ② 지루한 ③ 겁이 난 ④ 신난 ⑤ 걱정하는
▶ 마지막 부분에서 호진이는 스쿠터를 탄 여자를 소재로 만화 소설을 쓸 생각에 신나 하고 있다. 따라서 호진이의 심경은 '신난(excited)'이 알맞다.

19 ~ 20
집에 도착한 후에, 나는 《런치 레이디 탄생하다》라는 만화 소설을 쓰기 시작했다. 이 소설에서, 런치 레이디는 슈퍼히어로다. 그녀는 날 수 있는 슈퍼 스쿠터를 탄다. 그녀는 전 세계의 위험에 빠진 사람들을 구한다. 그녀는 또한 1초에 100개의 쿠키를 만든다. 그리고 그것들을 배고픈 어린이들에게 나눠 준다. 며칠이 지나, 나는 내 만화 소설을 친구들에게 보여 주었다. "굉장해! 나는 이 슈퍼히어로가 마음에 들어. 그녀는 정말 멋져."라고 내 모든 친구들이 말했다. "그게 있지? 나는 우리 학교 식당 직원들 중 한 분인 이 조리사님을 본떠서 그녀를 만든 거야."라고 나는 친구들에게 말했다.

【Words】 superhero 슈퍼히어로 super 아주 좋은 danger 위험, 위기 per ~당, 매 ~ a few 어느 정도, 조금, 약간 awesome 광장한, 멋진 model ... on ~을 본떠서 …을 만들다

19 ▶ 주어진 문장은 '그녀는 또한 쿠키를 1초에 100개 만든다.'는 뜻으로 그것을 가난한 아이들에게 나눠 준다는 내용 앞인 ④에 위치하는 것이 자연스럽다.

20 ▶ 「one of+복수명사」는 '~ 중 하나'라는 뜻이다. 따라서 worker를 복수명사 workers로 고쳐 써야 한다.

21 ~ 23
나는 내 책을 이 조리사님께 보여드렸다. 그녀도 그것을 좋아했다.

그녀는 내게 특별한 재능을 가진 그녀의 동료들에 대해서도 말했다. 또 다른 학교 식당 직원인 박 조리사님은 춤 경연 대회에서 우승했다. 우리 학교 관리인인 김 선생님은 한때 모험심 있는 공원 경비원이었다. "저는 그분들에 관한 슈퍼히어로로 이야기를 쓰고 싶어요. 그분들이 그것을 좋아할까요?" 나는 이 조리사님께 물었다. "당연히 좋아할 거야,"라고 그녀는 쾌활하게 말했다. "가서 우리의 새로운 슈퍼히어로로 친구들에게 인사를 하자."

【Words】 coworker 동료, 함께 일하는 사람 talent 재능 janitor 경비원, 관리인 once 한때 park ranger 공원 경비원 cheerfully 쾌활하게, 기분 좋게 say hello to 인사하다, 안부를 전하다

21 ▶ ②는 수식하는 명사가 단수이므로 '또 하나의'를 뜻하는 형용사 another가 알맞다. other는 복수명사를 수식한다.

22 ▶ ④ Mr. Kim은 과거에 공원 경비원이었고, 지금은 학교 관리인이시다.

23 ▶ say hello to ~에게 인사하다

24 내 이모는 나의 역할 모델이다. 그녀는 똑똑하고, 강하고, 그리고 모험심이 강하다. 30대에, 그녀는 70개의 다른 나라들을 여행했다. 여행하는 동안, 그녀는 전 세계의 사람들과 친구가 되었다. 나는 그녀처럼 새로운 시도를 하는 것을 두려워하지 않는 사람이 되고 싶다.
▶ 여행과 모험을 좋아하는 이모의 특징으로 보아 빈칸에는 '새로운 것을 시도하는 것을 두려워하지 않는'을 뜻하는 관계대명사절이 알맞다. 선행사가 someone으로 사람이므로 주격 관계대명사 who가 이끄는 절이 뒤따르도록 쓴다.
【Words】 role model 역할 모델 in one's 30s 30대의 나이에 make friends 친구가 되다 all over the world 세계 도처에 be afraid of ~을 두려워하다

25 Julia Child는 30대에 그녀의 진정한 재능을 발견한 사람이다.
(B) 그녀는 그녀의 남편과 함께 36세에 파리로 이주했다.
(D) 그녀는 거기서 유명한 요리 학교에 다녔다.
(C) 공부하는 동안, 그녀는 요리책을 쓰기로 결심했다.
(A) 그 책은 큰 성공을 거두었다.
▶ there, that book 등 지시하는 말에 주의해서 순서를 정한다.
【Words】 attend (…에) 다니다 decide 결심하다 hit 히트, (음악, 책 등의) 성공

p. 22

01 (1) who(that) reports the news

(2) who(that) drives a bus

(3) which(that) lives in the sea

02 (1) jumping rope

(2) good at playing the guitar

03 sure you'll(you will) do a good job

04 (1) While Jenny was cooking lunch

(2) After Tony played soccer, he took a shower. 또는
Tony took a shower after he played soccer.

05 She rides a super scooter which(that) can fly.

01 (1) 기자는 뉴스를 보도하는 사람이다.

(2) 버스 운전사를 버스를 운전하는 사람이다.

(3) 고래는 바다에 사는 큰 동물이다.

▶ (1), (2) 선행사가 사람이므로 주격 관계대명사 who(that)를 사용하여 설명하는 문장을 연결한다. (3) 선행사가 동물이므로 주격 관계대명사 which(that)를 사용하여 설명하는 문장을 연결한다.

【Words】 reporter 기자 report 보도하다

02 John: 너는 무엇을 잘하니, Becky?

Becky: 나는 줄넘기를 잘해. 넌 어떠니?

John: 음, 나는 기타 연주를 잘해.

▶ be good at은 '~을 잘하다'라는 뜻이다. 전치사 at 뒤에 동사가 목적어로 쓰이면 동명사로 써야 한다.

【Words】 jump rope 줄넘기를 하다 play the guitar 기타를 연주하다

03 A: 나는 영어로 연설을 해야 해. 너무 긴장돼.

B: 걱정하지 마. 가족들 앞에서 너의 연설을 연습해 봐. 난 네가 잘 할 것을 확신해.

A: 고마워. 시도해 볼게.

▶ 걱정하는 상대방에게 '넌 잘할 거야'라는 확신의 말을 해주는 것이 적절하다. 확신을 나타낼 때는 I'm sure (that) ~을 사용한다. that 뒤에는 「주어＋동사」 형태의 절이 온다.

【Words】 give a speech 연설하다 practice 연습하다 try 시도하다

04 (1) Jenny는 점심을 요리하고 있었다. 그녀는 동시에 라디오를 듣고 있었다. (2) Tony는 축구를 했다. 그러고 나서 그는 샤워를 했다.

▶ (1) 라디오를 들으면서 점심을 요리한 것이므로 접속사 while(~하는 동안)을 이용한다. 접속사 while 뒤에는 「주어＋동사」가 이어진다.

(2) 축구를 한 후 샤워를 한 것이므로 접속사 after(~한 후에)를 이용한다. 접속사 after 뒤에는 「주어＋동사」가 이어진다.

【Words】 at the same time 동시에 take a shower 샤워하다

05 집에 도착한 후에, 나는 《런치 레이디 탄생하다》라는 만화 소설을 쓰기 시작했다. 이 소설에서, 런치 레이디는 슈퍼히어로다. 그녀는 슈퍼 스쿠터를 탄다. 그 슈퍼 스쿠터는 날 수 있다. 그녀는 전 세계의 위험에 빠진 사람들을 구한다. 그녀는 또한 1초에 100개의 쿠키를 만들고 그것들을 배고픈 어린이들에게 나눠 준다.

Q. Lunch Lady는 무엇을 타는가?

A. 그녀는 날 수 있는 슈퍼 스쿠터를 탄다.

▶ 본문에서 Lunch Lady는 날 수 있는 슈퍼 스쿠터를 탄다고 하였다. 슈퍼 스쿠터는 사물이므로 주격 관계대명사 which(that)를 사용하여 문장을 연결한다.

【Words】 superhero 슈퍼히어로 super 아주 좋은 danger 위험, 위기 per ~당, 매 ~

Vocabulary

Vocabulary Check-up
p. 24

(1) cone (2) roof (3) avoid (4) pile up (5) next to (6) 필수의, 가장 중요한 (7) ~ 없이, ~을 가지지 않고 (8) 저장, 보관 (9) 보호하다, 지키다, 막다 (10) 치우다, 무너뜨리다

Vocabulary Practice
p. 25

A ⑤ **B** story **C** ① **D** (1) wood (2) wooden
E took down

A ① 집 : 지붕
② 동물 : 염소
③ 자연 : 숲
④ 옷 : 청바지
⑤ 북쪽의 : 남쪽의
▶ ⑤는 짝지어진 두 단어가 반의어 관계이며, ⑤를 제외한 나머지는 '상위어 : 하위어'의 관계이다.

B • 그것은 2층 건물이다. 1층에는 빵집이 있고, 2층에는 카페가 있다.
• 할머니는 내게 재미있는 이야기를 하나 해주셨다.
▶ story에는 '(건물의) 층'이라는 뜻과 '이야기'라는 뜻이 있다.

C ① 세금 ② 전망, 시야 ③ 저장, 보관 ④ 필수의
⑤ 징수원, 수집가
▶ '소득, 구매, 주거 등에 근거해서 국가에 납부해야 할 돈'은 tax(세금)에 관한 설명이다.

D 이 인형은 나무로 만들어졌다. = 이것은 나무로 된 인형이다.
▶ wood는 명사로 '나무'를 뜻하고, wooden은 형용사로 '나무로 된'을 뜻한다.

E ▶ take down (구조물을 해체하여) 치우다, 무너뜨리다

Expressions

Expressions Practice
p. 27

A ⑤ **B** second, next to **C** ②
D What kind of house do you want to live in?

A A: 너는 어떤 종류의 음악을 듣고 싶니?
B: 나는 랩 음악을 듣고 싶어.
① 너는 랩 음악을 들어본 적이 있니?
② 네가 가장 좋아하는 랩 음악은 무엇이니?
③ 너는 어떤 종류의 음악을 듣고 있니?
④ 너는 어떤 종류의 음악을 만들고 싶니?
▶ 대답으로 보아 어떤 종류의 음악을 듣고 싶은지 의향을 묻는 질문이 되어야 한다. '너는 어떤 종류의 ~을 …하고 싶니?'는 What kind of ~ do you want to …?로 나타낸다.

B A: 부엌은 어디에 있니?
B: 2층에, 욕실 옆에 있어.
▶ 부엌의 위치는 2층 욕실 옆이다. on the second floor 2층에 / next to ~옆에

C (C) 실례합니다, 이 쇼핑몰에 식당이 있나요?
(A) 네, 어떤 종류의 음식을 먹기 원하시나요?
(D) 저는 중국 음식을 먹고 싶어요.
(B) 5층에 훌륭한 중국 식당이 있어요.
(E) 감사해요.
▶ 쇼핑몰에 식당이 있는지에 대해 묻자(C), 그렇다고 답하고 구체적으로 어떤 음식을 원하는지를 묻고(A), 중국 음식을 먹고 싶다고 답하자(D), 중국 식당의 위치를 가르쳐 주고(B), 이에 대해 감사의 인사가(E) 이어지는 흐름이 자연스럽다.

D A: 너는 어떤 종류의 집에 살고 싶니?
B: 나는 음악을 좋아해. 그래서 나는 피아노 모양의 집에서 살고 싶어.
▶ '너는 어떤 종류의 ~을 …하고 싶니?'는 What kind of ~ do you want to …?로 나타낸다.

Grammar

Grammar Practice
p. 29

A (1) found (2) has (3) met **B** ②
C (1) I haven't(have not) tried Thai food before.
(2) Has he ridden an elephant before?
D (1) has worked (2) for **E** ④

A (1) 나는 내 휴대전화를 찾았다.
(2) 우리 엄마는 일본에 가 본 적이 있다.
(3) 그들은 두 달 전에 파티에서 만났다.

▶ (1) 동사 have가 있으므로 현재완료로 문장을 완성해야 한다. 현재완료는 「have/has+과거분사」의 형태이므로 빈칸에는 과거분사형 found가 알맞다.

(2) My mom은 3인칭 단수이므로 현재완료는 「has+과거분사」의 형태로 써야 한다.

(3) two months ago는 과거의 한 시점을 나타내는 부사구로 현재완료와 함께 쓰일 수 없으므로 과거시제 met이 알맞다.

B ▶ each 다음에는 단수명사와 단수동사가 뒤따른다.

C (1) 나는 전에 태국음식을 먹어 본 적이 있다.

(2) 그는 전에 코끼리를 타 본 적이 있다.

▶ (1) 현재완료의 부정문은 「have〔has〕+not+과거분사」의 형태로 쓴다.

(2) 현재완료의 의문문은 「Have〔Has〕+주어+과거분사 ~?」의 형태로 쓴다.

D 나의 아빠는 은행에서 20년 전에 일하기 시작하셨고, 아직도 은행에서 일하신다.

= 나의 아빠는 은행에서 20년 동안 일해 오셨다.

▶ (1) 과거의 어느 시점에서 시작된 일이 현재까지 계속되고 있으므로 현재완료로 쓴다. 현재완료는 「have/has+과거분사」의 형태이다. (2) for+기간: ~ 동안

E ① 각각의 개에게는 자기 날이 있다.(쥐구멍에도 볕들 날이 있다.)

② 각 소녀는 안경을 쓰고 있었다.

③ 너는 전에 차를 운전해 본 적이 있니?

④ 그녀는 언제 그녀의 숙제를 끝냈니?

⑤ 너는 중국어를 얼마나 오랫동안 공부해 왔니?

▶ ④ 의문사 when은 현재완료와 같이 쓰일 수 없다.

Reading

pp. 32~34

Reading Practice

01 ③ **02** ④ **03** Grass Roofs **04** ② **05** piling
06 cone, lower〔low〕 **07** ⑤ **08** ⓐ round roofs that look like big doughnuts ⓑ the Hakka people **09** ⑤ **10** ③
11 ③, ④ **12** ④ **13** ④ **14** ② **15** ②

01~02

집의 지붕 위에서 염소를 본 적 있는가? 노르웨이에서 우리는 지붕 위에 있는 동물들을 볼 수 있다. 노르웨이에는 큰 숲들이 있다. 자연과 조화를 이루면서 사람들은 오랜 시간 동안 나무로 된 집을 지어 왔다. 튼튼하고 따뜻한 집을 짓기 위해 그들은 지붕을 잔디로 덮었다. 잔디 지붕은 그들을 길고 추운 겨울과 강한 바람으로부터 보호한다. 때때로 나무나 식물들이 잔디 지붕에서 자라나고, 몇몇 동물들은 그곳에서 식사를 즐긴다.

【Words】 roof 지붕 wooden 나무로 된 cover ~을 덮다 protect 보호하다

01 ▶ ⓐ in harmony with ~와 조화를 이루어 ⓑ protect A from B A를 B로부터 보호하다

02 ① 노르웨이에서는 무엇을 지붕에서 볼 수 있는가?

② 노르웨이 사람들은 어떤 종류의 집을 오랫동안 지어 왔는가?

③ 왜 노르웨이 사람들은 그들의 지붕을 잔디로 덮는가?

④ 어떤 종류의 나무와 식물이 잔디 지붕에서 자라나는가?

⑤ 동물들은 잔디 지붕 위에서 무엇을 하는가?

▶ 어떤 종류의 나무와 식물이 잔디 지붕에서 자라나는지는 윗글에 나타나 있지 않다.

03 ▶ 윗글은 잔디 지붕(grass roofs)에 관한 글이다.

04~07

지붕은 집의 필수적인 부분이지만, 오래전 어떤 사람들은 단지 지붕을 쉽게 부수기 위해 지었다. 수백 년 전 남부 이탈리아에서는, 지붕이 없는 집을 가진 사람들이 더 적은 세금을 냈다. 집에 부과되는 높은 세금을 피하기 위해서, 어떤 사람들은 돌을 쌓아 올려 원뿔 모양의 지붕을 지었다. 세금 징수원들이 마을에 오면, 사람들은 재빨리 지붕을 무너뜨렸다. 세금 징수원들이 떠나면, 그들은 다시 돌을 쌓아 올렸다.

【Words】 cone 원뿔 essential 필수의 take down 헐어 버리다 century 100년, 세기 southern 남쪽의, 남부의 tax 세금 avoid 피하다 pile up 쌓아 올리다 collector 징수원

04 ① 그것을 쉽게 쌓기 위해서

② 그것을 쉽게 부수기 위해서

③ 그들의 집을 멋져 보이게 하기 위해서

④ 해로부터 그들 자신을 보호하기 위해서

⑤ 적으로부터 그들 자신을 보호하기 위해서

▶ 글 전체의 내용으로 보아 낮은 세금을 낼 목적으로 쉽게 지붕을 부수기 위해 지붕을 지었다는 말이 알맞다.

05 ▶ by는 전치사로 동명사를 목적어로 취한다. 따라서 동사 pile은 동명사의 형태 piling으로 써야 한다.

06 수백 년 전 남부 이탈리아에서, 어떤 사람들은 집에 부과되는 세금을 더 적게〔적게〕 내기를 원했기 때문에 원뿔 모양의 지붕을 지었다.

▶ 세금을 더 적게〔적게〕 내기 위해서 원뿔 모양의 지붕을 지었다고 하였다.

07 ▶ 글의 마지막 문장에서 세금 징수원들이 떠나면, 사람들은 다시 돌을 쌓아 올렸다고 하였다.

pp. 35~39

08 ~ 10

중국 남부 일부 지역의 하늘에서 보면, 큰 도넛처럼 생긴 둥근 지붕을 볼 수 있다. 그것들은 하카족의 크고 둥근 집의 지붕이다. 그들은 적들로부터 자신을 보호하기 위해 약 천 년간 이와 같은 집에 살아 왔다. 그 집들은 1층에 창문이 없이 오직 하나의 출입문만 있다. 각각의 집은 전체 마을이 들어갈 만큼 충분히 크다. 집은 대개 4개의 층이 있다. 그것은 1층에는 부엌이, 2층에는 창고가, 3층과 4층에는 거실과 침실이 있다.

【Words】 enemy 적, 적군 without ~ 없이 whole 전부의, 전체의 storage 저장, 보관

08 ▶ ⓐ와 ⓑ는 각각 바로 앞 문장의 '큰 도넛처럼 생긴 둥근 지붕'과 '하카족'을 가리킨다.

09 ▶ (A) 「for+기간」 ~ 동안 *cf.* 「since+한 시점」 (B) 주어와 목적어가 동일한 대상일 때 목적어는 재귀대명사로 쓴다. (C) each는 뒤에 단수명사가 이어져 단수 취급하므로, 동사도 단수동사인 is가 알맞다.

10 ▶ 하카족의 집 1층에는 창문이 없다고 하였다.

11 미세먼지는 봄에 큰 문제가 되어 왔다. 우리는 나무와 다른 많은 식물들이 있는 작은 정원이 있는 지붕을 설계했다. 이 정원은 우리에게 신선한 공기를 제공할 것이다.

【Words】 fine dust 미세먼지 design 설계하다

▶ 지붕의 단점과 미세먼지의 원인은 윗글에 언급되어 있지 않다.

12 ~ 13

세종국립도서관은 한국의 세종시에 있다. 그것은 펼쳐진 책처럼 생긴 4층짜리 건물이다. 그것은 1층과 2층에 약 40만 권의 책을 보유하고 있으며 꼭대기 층에는 큰 식당이 있다. 그것은 2013년에 개관하였다. 그때 이후로, 많은 사람들이 이 독특한 건물을 방문해 왔다.

【Words】 thousand 천 since ~ 이후로 unique 독특한

12 ▶ 마지막 문장의 Since then, ~에서 then이 주어진 문장의 2013년을 가리키므로 주어진 문장의 위치는 ④가 알맞다.

13 ▶ ④ 약 400만 권이 아니라 40만 권(400 thousand)의 책을 보유하고 있다고 하였다.

14 ~ 15

스페인의 그라나다에서는 어떤 사람들은 오랫동안 동굴 집에서 살아왔다. 이곳의 날씨는 여름에는 매우 덥고 겨울에는 춥다. 동굴 집은 너무 춥지도 덥지도 않다.

【Words】 cave 동굴

14 ① 그라나다의 날씨
② 그라나다의 동굴 집
③ 스페인 그라나다의 역사
④ 스페인의 여러 종류의 집
⑤ 세계의 다른 집들

▶ 윗글은 스페인 그라나다 지방의 동굴 집에 관한 글이다.

15 ① 그는 그의 카메라를 잃어버렸다. (아직도 찾지 못했다.)
② 그들은 수년간 친구로 지내 왔다.
③ 그는 중국에 세 번 다녀왔다.
④ 그녀는 아직 보고서를 끝내지 못했다.
⑤ 나는 그렇게 웃기는 이야기를 들어본 적이 없다.

▶ ⓐ와 ②는 현재완료의 계속적 용법으로 쓰였다. ①은 결과, ③, ⑤는 경험, ④는 완료의 용법으로 쓰였다.

단원 Test

pp. 35~39

01 ② 02 ④ 03 harmony with 04 They're on the third floor, next to the restroom. 05 ② 06 what kind of room would you like 07 ④ 08 ③ 09 ④ 10 ①, ② 11 floor has 12 ④ 13 ③ 14 ④ is → has been 15 ① 16 ⓐ wooden ⓑ warm 17 ③ 18 They protect people from the long cold winters and strong winds. 19 ④ 20 ② people who(that) had a house without a roof paid lower taxes 21 ④ 22 ④ 23 ③ 24 has opened → opened 25 ③

01 ① 피하다 ② 적, 원수 ③ 보호하다 ④ 징수원 ⑤ 조화
▶ '자신을 미워하고 해치고 싶어 하는 사람'은 enemy(적, 원수)에 대한 설명이다.
【Words】 hate 미워하다 harm 해치다

02 • 너의 얼굴을 손으로 가려라.
• 선글라스는 너의 눈을 태양으로부터 보호한다.
▶ • cover A with B A를 B로 덮다
• protect A from B A를 B로부터 보호하다

03 ▶ in harmony with ~와 조화를 이루어
【Words】 human 인간 nature 자연

04 A: 무엇을 도와 드릴까요?
B: 시계를 파는 곳을 찾고 있어요. 어디에서 찾을 수 있을까요?
A: 3층에 화장실 옆에 있어요.
B: 감사합니다.
▶ 시계를 파는 곳의 위치는 3층 화장실 옆이다.
【Words】 on the third floor 3층에 next to ~ 옆에

05 (A) 그림의 이 집을 봐. 큰 신발처럼 생겼어!

(D) 오, 그거 매우 독특하다. 하지만 나는 신발에서 살고 싶진 않아.

(C) 너는 어떤 종류의 집에서 살고 싶니?

(B) 음, 난 비행기 모양의 집에서 살고 싶어.

▶ 신발처럼 생긴 집의 그림을 보라고 하자(A), 독특하긴 하지만 신발처럼 생긴 집에서는 살고 싶지 않다고 반응하고(D) 그렇다면 어떤 종류의 집에서 살고 싶은지를 묻자(C) 비행기 모양의 집에서 살고 싶다는 대답이(B) 이어지는 것이 자연스럽다.

【Words】 unique 독특한, 특별한

06 ~ 08

여자: 전주 한옥 게스트 하우스에 오신 것을 환영합니다. 도와 드릴까요?

남자: 네, 이틀 동안 묵을 방을 부탁합니다.

여자: 음, 어떤 종류의 방을 원하세요?

남자: 정원이 보이는 방이 있나요? 예쁜 정원을 갖고 계시네요.

여자: 네, 그렇습니다. 우리 숙소의 모든 방은 정원이 보이지만, 방에 침대는 없습니다.

남자: 바닥에서 자야 하나요?

여자: 네, 그렇습니다.

남자: 네, 한번 시도해 보죠. 아침은 어디서 먹을 수 있나요?

여자: 주방 옆에 있는 식당에서 아침을 드실 수 있어요.

남자: 알겠습니다.

여자: 네. 나비 방입니다. 여기 열쇠 받으세요.

남자: 감사합니다.

【Words】 guesthouse 게스트 하우스, 여행자를 위한 소규모 숙소 view 전망, 시야 lovely 사랑스러운, 반할 만큼 아름다운 give it a try 시도해 보다 dining room 식당

06 ▶ 빈칸에는 어떤 종류의 방에 머물고 싶은지 의향을 묻는 표현이 알맞다. '어떤 종류의 ~을 원하세요?'는 'What kind of ~ would you like?'로 나타낸다.

07 ▶ 빈칸 뒤에는 아침을 먹을 수 있는 장소에 대한 설명이 이어지므로 빈칸에는 장소를 묻는 의문사 where가 알맞다.

08 ① 게스트 하우스에는 아름다운 정원이 있다.

② 남자는 게스트 하우스에서 2박하기를 원한다.

③ 나비 방에는 침대가 있다.

④ 게스트 하우스의 모든 방은 정원 전망이다.

⑤ 식당은 주방 옆에 있다.

▶ ③ 게스트 하우스의 모든 방에는 침대가 없다고 하였으므로 나비 방에도 침대가 없다.

09 ▶ 과거에 시작한 일이 현재까지 계속되고 있으므로 현재완료를 써야 한다. 주어가 he로 3인칭 단수이므로 「has + 과거분사」의 형태가 알맞다.

10 나는 ① 두 번 / ② 전에 그 호텔에서 머무른 적이 있다.

▶ last summer(지난여름에), in May(5월에), ten years ago(10년 전에)는 모두 과거의 한 시점을 표현하는 말로 현재완료 시제와 같이 쓰일 수 없다. twice와 before는 경험적 용법의 현재완료와 함께 자주 쓰이는 부사이다.

11 ▶ each 다음에는 단수명사와 단수동사가 뒤따른다.

12 ▶ have〔has〕 been to: …에 가 본 적이 있다(경험)

cf. have〔has〕 gone to: …에 가고 없다(결과)

13 〈보기〉 나는 그 영화를 전에 본 적이 있다.

① 그는 그의 휴대전화를 잃어버렸다.

② 그 남자는 하루 종일 일해 왔다.

③ 너는 타코를 먹어 본 적이 있니?

④ 그녀는 가수가 되기를 원해 왔다.

⑤ 그들은 아직 보고서를 끝내지 못했다.

▶ 〈보기〉와 ③은 현재완료의 경험 용법으로 쓰였다.

①은 결과, ②,④는 계속, ⑤는 완료 용법으로 쓰였다.

14 A: Sally는 어디 있지? 나는 그녀를 요새 못 봤어.

B: 그녀는 감기로 사흘 동안 학교에 결석했어.

▶ 부사구 for three days(사흘 동안)로 보아 '~해 오고 있다'는 의미의 '계속'을 나타내는 현재완료가 알맞다. 따라서 ④의 현재시제 is를 현재완료 has been으로 고쳐야 한다.

15 ⓐ 각 날은 신으로부터의 선물이다.

ⓑ 당신은 이 차를 얼마나 오랫동안 운전해 왔나요?

ⓒ 우리는 2016년에 도쿄를 방문했다.

ⓓ 그는 요새 몸이 안 좋다.

ⓔ 각 사람은 취향이 다르다.

▶ ⓐ Each days are → Each day is ⓑ How long have you drove → How long have you driven ⓒ have visited → visited ⓓ has been not → has not been

16 ~ 18

집의 지붕 위에 있는 염소를 본 적 있는가? 노르웨이에서 우리는 지붕 위에 있는 동물들을 볼 수 있다. 노르웨이에는 큰 숲들이 있다. 자연과 조화를 이루면서 사람들은 오랜 시간 동안 나무로 된 집을 지어 왔다. 튼튼하고 따뜻한 집을 짓기 위해 그들은 지붕을 잔디로 덮었다. 잔디 지붕은 그들을 길고 추운 겨울과 강한 바람으로부터 보호한다. 때때로 나무나 식물들이 잔디 지붕에서 자라나고, 몇몇 동물들은 그곳에서 식사를 즐긴다.

【Words】 roof 지붕 wooden 나무로 된 cover ~을 덮다 protect 보호하다

16 ▶ ⓐ 큰 숲이 많은 노르웨이에서 쉽게 얻을 수 있는 재료는 나무이므로 wooden(나무로 만든)이 알맞다. ⓑ 이어

지는 문장에서 잔디 지붕은 길고 추운 겨울로부터 사람들을 보호한다고 하였으므로 warm(따뜻한)이 알맞다.

17 ▶ 노르웨이는 길고 추운 겨울(the long cold winters)을 갖고 있다고 하였다.

18 Q. 잔디 지붕은 어떤 역할을 하는가?
— 그것은 사람들을 길고 추운 겨울과 강한 바람으로부터 보호한다.
▶ 잔디 지붕은 사람들을 길고 추운 겨울과 강한 바람으로부터 보호한다고 하였다.

19 ~ 21

지붕은 집의 필수적인 부분이지만, 오래전 어떤 사람들은 단지 지붕을 쉽게 부수기 위해 지었다. 수백 년 전 남부 이탈리아에서는, 지붕이 없는 집을 가진 사람들이 더 적은 세금을 냈다. 집에 부과되는 높은 세금을 피하기 위해서, 어떤 사람들은 돌을 쌓아 올려 원뿔 모양의 지붕을 지었다. 세금 징수원들이 마을에 오면, 사람들은 재빨리 지붕을 무너뜨렸다. 세금 징수원들이 떠나면, 그들은 다시 돌을 쌓아 올렸다.

【Words】cone 원뿔 essential 필수의 take down 헐어 버리다 century 100년, 세기 southern 남쪽의, 남부의 tax 세금 avoid 피하다 pile up 쌓아 올리다 collector 징수원

19 ▶ 빈칸 전후에는 상반되는 내용이 이어지므로 역접을 나타내는 접속사 but이 알맞다.

20 ▶ 선행사 people과 had 사이에 관계대명사 who(that)를 써 주어야 한다.

21 ▶ ⑤ 원뿔 모양의 지붕에 부과된 세금 액수는 윗글에 나타나 있지 않다.

22 ~ 23

중국 남부 일부 지역의 하늘에서 보면, 큰 도넛처럼 생긴 둥근 지붕을 볼 수 있다. 그것들은 하카족의 크고 둥근 집의 지붕이다. 그들은 적들로부터 자신을 보호하기 위해 약 천 년간 이와 같은 집에 살아 왔다. 그 집들은 1층에 창문이 없이 오직 하나의 출입문만 있다. 각각의 집은 전체 마을이 들어갈 만큼 충분히 크다. 집은 대개 4개의 층이 있다. 1층에는 부엌이, 2층에는 창고가, 3층과 4층에는 거실과 침실이 있다.

【Words】enemy 적, 적군 without ~ 없이 whole 전부의, 전체의 storage 저장, 보관

22 ▶ 주어진 문장의 It은 앞 문장의 Each house를 가리키며, 주어진 문장 뒤로는 4층 건물의 각 층에는 무엇이 있는지에 대한 설명이 이어지는 것이 자연스럽다. 따라서 주어진 문장의 위치는 ④가 알맞다.

23 ① 지붕이 큰 도넛처럼 생겼다.
② 하카족은 약 천 년간 이와 같은 집에서 살아 왔다.
③ 그 집들은 하카족을 추위로부터 보호하기 위해 설계되었다.
④ 그 집들은 1층에 창문이 없다.
⑤ 각 집은 아주 커서 전체 마을이 들어갈 수 있다.
▶ ③ 추위가 아니라 적들로부터 자신들을 보호하기 위해서 설계되었다.

24 ~ 25

세종국립도서관은 한국의 세종시에 있다. 그것은 펼쳐진 책처럼 생긴 4층짜리 건물이다. 그것은 1층과 2층에 약 40만 권의 책을 보유하고 있으며 꼭대기 층에는 큰 식당이 있다. 그것은 2013년에 개관하였다. 그때 이후로, 많은 사람들이 이 독특한 건물에 방문해 왔다.

【Words】thousand 천 since ~ 이후로 unique 독특한

24 ▶ 현재완료 시제는 과거 한 시점을 나타내는 부사구인 in 2013과 같이 쓰일 수 없다. 따라서 시제를 과거 시제로 고쳐야 한다.

25 ① 건물은 어디에 위치해 있는가?
② 건물은 무엇처럼 생겼는가?
③ 하루에 몇 명이 도서관을 방문하는가?
④ 건물의 꼭대기 층에는 무엇이 있는가?
⑤ 1층과 2층에는 몇 권의 책이 있는가?
▶ ③ 하루 도서관 방문자 수는 윗글에 나타나 있지 않다.

서술형 평가

p. 40

01 (1) Each table is round.
(2) Each woman has long hair.
(3) Each man is wearing glasses.
02 two, boat, second
03 What kind of room would you like?
04 (1) Paul has been sick since Wednesday.
(2) We have been friends for five years.
05 since it's not too cold or hot in cave houses

01 식당에는 네 개의 식탁이 있습니다. 각각의 식탁은 둥근 모양입니다. 각각의 여자는 머리가 깁니다. 각각의 남자는 안경을 쓰고 있습니다.
▶ each 다음에는 단수명사와 단수동사가 뒤따른다.
【Words】women woman(여자)의 복수 men man(남자)의 복수

02 A: 너는 어떤 종류의 집을 짓고 싶어?
B: 나는 배처럼 생긴 2층 집을 짓고 싶어.
A: 부엌은 어디에 있니?
B: 2층에 있어.

▶ 그림의 집은 배 모양으로 생긴 2층 집이고 부엌은 2층에 있다.

【Words】 two-story 2층의　like ~처럼　on the second floor 2층에

03 A: 어떤 종류의 방을 원하시나요?

B: 저는 바다 전망의 방을 원해요.

A: 알겠어요. 다른 것 필요하신 것은 없으신가요?

B: 여행 정보를 어디서 얻을 수 있을까요?

A: 입구 옆에 안내 책자가 있어요.

▶ 대답으로 보아 어떤 종류의 방에 묵고 싶은지 의향을 묻는 질문이 되어야 한다. '당신은 어떤 종류의 ~을 원하시나요?'는 What kind of ~ would you like?로 나타낸다.

【Words】 ocean 바다　view 전망, 시야　entrance 입구

04 (1) Paul은 수요일에 아프기 시작했다. 그는 여전히 아프다.

→ Paul은 수요일부터 아파 왔다.

(2) 우리는 5년 전에 친구가 되었다. 우리는 여전히 친구로 지낸다.

→ 우리는 5년 동안 친구로 지내 왔다.

▶ 과거의 어느 시점에서 시작된 일이 현재까지 계속되고 있으므로 현재완료로 쓴다. 현재완료는 「have /has+과거분사」의 형태이다. (1) since+특정 시점: ~ 이래로 (2) for+기간: ~ 동안

05 스페인의 그라나다에서는 어떤 사람들은 오랫동안 동굴 집에서 살아 왔다. 이곳의 날씨는 여름에는 매우 덥고 겨울에는 춥다. 동굴 집은 너무 춥지도 덥지도 않다.

Q: 그라나다의 어떤 사람들은 왜 동굴 집에서 살아 왔는가?

A: 동굴 집은 너무 춥지도 덥지도 않기 때문에 그들은 동굴 집에서 살아 왔다.

【Words】 cave 동굴

▶ '동굴 집은 너무 춥지도 덥지도 않기 때문에' 어떤 그라나다 사람들은 동굴 집에서 살아 왔다. '~ 때문에'를 뜻하는 접속사 since를 이용하여 이유에 해당하는 문장을 완성한다.

Vocabulary

Vocabulary Check-up　p. 42

(1) huge　(2) capture　(3) remain　(4) journal　(5) at last
(6) 예상하다, 기대하다　(7) 신비한　(8) 단순한, 간단한　(9) 들어서다, 발을 들여놓다　(10) ~에 들어가다

Vocabulary Practice　p. 43

A (g)raduated　**B** ④　**C** ⑤　**D** (f)orecast
E thousands of

A 그녀는 작년에 하버드대를 졸업했다.

▶ 대학을 '졸업했다'는 의미로 graduated를 쓰는 것이 알맞다.

B ① 무거운 : 가벼운

② 슬픈 : 행복한

③ 실내에서 : 옥외에서

④ 거대한 : 큰

⑤ 나타내다 : 사라지다

▶ ④는 유의어 관계이며 나머지는 반의어 관계이다.

C ① 외국의　② 주인, 소유자　③ 일기　④ 잡다, 포착하다

⑤ 초상화

▶ '사람의 그림(스케치 / 사진)'은 portrait(초상화)에 대한 설명에 해당된다.

D A: 엄마, 오늘 날씨가 어때요?

B: 밖이 꽤 흐린 것 같아. 내가 일기예보를 확인해 볼게.

A: 고마워요, 엄마.

B: 음, 오후에 비가 올 예정이구나.

▶ 빈칸에는 '예보'를 뜻하는 forecast가 알맞다.

E ▶ thousands of 수천의

Expressions

Expressions Practice　p. 45

A ⑤　**B** Have you ever ridden a horse　**C** ④
D What, like

A A: ⑤ 오늘 날씨가 어때?

B: 춥고 바람이 불어.

① 오늘은 무슨 요일이니?

② 내가 그것을 어디서 찾을 수 있을까?

③ 너는 어디 출신이니?

④ 너는 무엇을 하고 있니?

▶ 빈칸 뒤에 날씨에 관한 대답이 이어지고 있으므로 빈칸에는 날씨를 묻는 표현이 알맞다.

B A: 너는 말을 타 본 적이 있니?

B: 응, 타 본 적 있어. 너는 어때?

A: 아니, 난 안 타 봤어. 어땠어?

B: 재미있었어, 하지만 약간 겁이 나기도 했어.

▶ 경험을 묻는 표현은 「Have you ever+과거분사 ~?」로 쓴다.

C (B) 너는 인도 요리를 먹어 봤니?

(C) 응, 먹어 봤어, 하지만 나는 인도 카레만 먹어 봤어.

(A) 그건 어땠어?

(D) 진짜 매웠어, 하지만 맛이 있었어.

▶ 인도 요리를 먹어 봤는지 묻고 답한 후(B)-(C) 맛이 어땠는지를 묻고 답하는(A)-(D) 대화의 흐름이 자연스럽다.

D 파리의 날씨는 어떠니?

▶ 날씨를 묻는 표현인 How's the weather?는 What's the weather like?로 바꿔 쓸 수 있다.

Grammar

Grammar Practice   p. 47

A ① **B** ② **C** (1) It is important to have a dream. (2) It is dangerous to ride a bike without a helmet. **D** buy a new dress to wear at the party **E** ①

A • 매일 운동을 하는 것은 쉽지 않다.

• 일주일 동안 비가 내렸다.

▶ 주어로 쓰인 to exercise every day를 대신하는 가주어 it과 날씨를 나타내는 비인칭주어 it이 알맞다.

B Julie는 엄마께 드릴 선물을 사러 백화점에 가는 길이다.

▶ '~할'의 의미로 명사 뒤에서 수식하는 to부정사의 형용사적 용법으로 나타낸다.

C (1) 꿈을 가지는 것은 중요하다.

(2) 헬멧 없이 자전거를 타는 것은 위험하다.

▶ 주어 자리에 쓰인 to부정사구를 문장의 뒤쪽으로 보내고 주어 자리에 가주어 It을 쓴다.

D ▶ to부정사가 명사를 수식할 때는 「명사+to부정사」의 어순으로 써야 한다.

E ① Jack은 함께 놀 친구가 없었다.

② 너의 약속을 지키는 것은 중요하다.

③ 그들은 앉기에 좋은 벤치를 샀다.

④ 그가 그 장소를 찾는 것은 어렵지 않았다.

⑤ 그가 모든 돈을 다 써버린 것은 어리석었다.

▶ ① to부정사의 수식을 받는 명사가 전치사의 목적어인 경우 「명사+to부정사+전치사」로 쓴다. 따라서 to play를 to play with로 고쳐 써야 한다.

Reading

Reading Practice   pp. 50~52

01 일기에 간단한 그림을 그리는 것   **02** ⑤   **03** ②   **04** ⑤
05 ④   **06** ④   **07** more like a home than a hotel
08 She was admiring the beautiful cups and plates.
09 ③   **10** ②   **11** the famous olive tree   **12** portrait
13 ④   **14** ④   **15** foreign

01~02

안녕, 나는 Lucy Hunter이고, 런던에 살고 있어. 지난주, 우리 가족은 3일 동안 휴가를 갔어. 여행 중에, 나는 내 일기에 간단한 그림을 그렸어. 그것은 모든 특별한 순간을 포착할 수 있는 아주 좋은 방법이었어.

【Words】 simple 단순한, 간단한   journal 일기   capture 포착하다, 담아내다

01 ▶ that은 지시대명사로 앞 문장의 내용인 '일기에 간단한 그림을 그리는 것'을 가리킨다.

02 ▶ Lucy는 사진이 아니라 그림을 그려서 특별한 순간을 포착하였다고 하였다.

03~04

8월 5일

드디어, 우리는 지구상에서 가장 불가사의한 장소들 중 하나인 스톤헨지에 발을 들여놨어. 우리는 런던에 있는 우리 집에서 차로 두 시간을 달린 후에, 마침내 스톤헨지에 도착했어. 원형으로 둘러서 있는 거대한 돌들을 보는 것은 그저 놀라웠어. 어떻게 그 거대한 돌들이 수천 년 전에 그곳에 도달했을까? 그것들은 무엇을 위한 것

이었을까? 나는 스톤헨지가 오랫동안 불가사의로 남아 있을 거라고 생각해.

【Words】at last 마침내, 드디어 set foot 들어서다, 발을 들여놓다 mysterious 신비한 thousands of 수천의 remain 여전히 ~이다, 남아 있다 mystery 수수께끼, 미스터리

03 ▶ (A) 「one of the+최상급+복수명사」는 '가장 ~한 것 중 하나'를 뜻한다. 따라서 복수명사 places가 알맞다.

(B) 거대한 돌들을 보는 것은 '놀라게 하는' 것이므로 능동의 의미를 가진 현재분사 amazing이 알맞다. amazed는 '놀란'을 뜻한다.

(C) thousands of 수천의

04 ① 글쓴이의 집은 런던에 있다.

② 스톤헨지는 불가사의한 장소이다.

③ 스톤헨지에 가는 데는 2시간이 걸렸다.

④ 글쓴이는 원형으로 둘러서 있는 큰 돌들을 보았다.

⑤ 글쓴이는 스톤헨지의 미스터리가 곧 풀릴 것이라고 생각한다.

▶ ⑤ 글의 마지막 문장에서 글쓴이는 스톤헨지가 오랫동안 불가사의로 남아 있을 것 같다고 하였다.

05 ~ 08

8월 6일

아침에, 우리는 코츠월드 주변을 걸어 다녔어. 오후에 비가 오기 시작해서, 우리는 B&B 안에서 머물기로 했어. B&B는 영국에서 머물기에 인기 있는 곳이야. 호텔보다는 더 집처럼 느껴져. 주인은 오늘 오후 다과회에 우리를 초대했어. 식탁에는 과자, 케이크, 빵, 그리고 치즈가 가득했어. 내가 먹느라 바쁜 동안, 엄마는 예쁜 컵과 접시에 감탄하고 있었어. 나는 너무 많이 먹어서 저녁 식사 때는 아무것도 먹을 수가 없었어.

【Words】indoors 실내에서, 실내로 B&B (Bed-and-Breakfast) 아침 식사를 제공하는 숙박 시설 owner 주인, 소유자 admire 존경하다, 감탄하며 바라보다 plate 접시, 그릇

05 ▶ 빈칸 ⓐ와 ⓓ 둘 다 전후로 원인과 결과에 해당되는 문장이 나오고 있으므로 '그래서'를 뜻하는 접속사 so가 알맞다.

06 ▶ to부정사(to stay in England)가 앞에 나온 명사(a popular place)를 뒤에서 수식하며 형용사의 역할을 한다.

07 ▶ 집주인이 오후 다과회에도 초대하는 것으로 보아 B&B의 성격은 호텔보다는 집에 가깝다는 것을 알 수 있다. 'B보다는 A와 같다'는 비교급을 써서 more like A than B로 표현한다.

08 엄마는 글쓴이가 음식을 먹는 동안 무엇을 하셨는가?

▶ 글쓴이의 엄마는 글쓴이가 음식을 먹는 동안 예쁜 컵과 접시를 바라보며 감탄하고 있었다고 하였다.

09 (C) 우리는 지난달에 남해로 현장 학습을 갔다.

(A) 너무나 많은 아름다운 섬들을 보는 것은 그저 놀라웠다.

(D) 우리는 또한 남해 독일 마을에도 갔다.

(B) 우리는 그 여행을 절대 잊지 못할 것이다.

【Words】field trip 현장 학습 German 독일의

▶ 언제 어디로 현장 학습을 갔는지에 대해 먼저 서술한 후 (C), 현장 학습에서 한 일 두 가지를 서술하고(A)-(D) 마지막으로 그 여행을 절대 잊지 못할 거라는 말로(B) 글을 마무리하는 것이 자연스럽다. (D)는 also(또한)로 보아 남해 독일 마을에 간 것은 현장학습에서 한 일 중 두 번째 일에 해당함을 알 수 있다.

10 ~ 13

8월 7일

우리가 마지막으로 간 곳은 옥스퍼드였어. 우리는 먼저 크라이스트 처치 칼리지에 갔어. 그곳은 《해리 포터》 영화 시리즈에 나온 이후로 방문해야 할 세계적인 명소가 되었어. 영화에서는, Harry와 다른 모든 사람이 크라이스트 처치 홀에서 저녁을 먹거든. 우리는 이 대학을 졸업한 유명한 사람들의 초상화도 봤어. 우리가 건물 밖으로 나왔을 때, 나는 유명한 올리브 나무로 걸어가 그것을 만졌어. "내가 이 나무를 만졌기 때문에 나는 옥스퍼드 대학에 들어갈 거야!"라고 내가 말했어. 그러자, 오빠가 내게 웃으며 말했어. "벽에 걸린 네 초상화를 빨리 보고 싶은걸."

【Words】hall 홀, 회관 portrait 초상화 graduate 졸업하다 university 대학 can't wait to ~를 몹시 바라다

10 ▶ 주어진 문장의 It은 앞 문장의 Christ Church College를 지칭한다. 또한 주어진 문장에서 처음 언급된 영화에 대한 이야기가 In the movies로 시작되는 다음 문장에서 더 구체적으로 전개되므로 주어진 문장의 위치는 ②가 알맞다.

11 ▶ 대명사 it은 문장 앞부분의 the famous olive tree(유명한 올리브 나무)를 지칭한다.

12 ▶ 유명한 졸업생들의 초상화를 감상한 후 여동생이 유명한 올리브 나무를 만지고 나서 자신도 옥스퍼드 대학에 들어갈 거라고 말한 상황이다. 따라서 마지막 문장은 오빠가 벽에 걸린 여동생의 초상화(portrait)를 보는 것이 기대된다는 말이 알맞다.

13 ▶ ① 글쓴이와 일행이 마지막으로 간 곳이 옥스퍼드였다. ② 글쓴이와 일행은 옥스퍼드에서 크라이스트 처치 대학을 처음으로 방문했다. ③ 영화에서 Harry는 크라이스트 처치 홀에서 저녁 식사를 한다. ⑤ 글쓴이의 오빠가 아니라 글쓴이가 옥스퍼드 대학에 들어갈 것이라고 하였다.

14 ~ 15

지난겨울에, 나는 가족과 함께 라오스에 갔다. 우리는 비엔티안에서 많은 아름다운 사원들을 방문했고 야시장에 갔다. 그리고 나서 우리는 방비엥으로 이동하여 강 튜빙(튜브를 타고 강을 이동하

는 여가 활동)을 했다. 우리는 또한 그들의 전통 음식을 즐겼다. 외국에서 새로운 것들을 시도하는 것은 정말 재미있었다. 나는 라오스를 다시 방문할 수 있는 기회가 있기를 바란다.

【Words】 temple 절, 사원 traditional 전통적인 foreign 외국의

14 ▶ 전통 의상 구입에 관해서는 본문에 언급되어 있지 않다.

15 ▶ '자신의 나라에서가 아닌'은 foreign(외국의)에 대한 설명이다.

단원 Test

pp. 53~57

> 01 ① 02 ④ 03 ⑤ 04 ② 05 How was the weather 06 ④ 07 ③ 08 ⑤ 09 ① 10 ④ 11 ② 12 some snacks to eat 13 ② 14 It is important to eat breakfast. 15 ② 16 ② 17 ③ 18 It, to see 19 mystery 20 It took two hours (from London to Stonehenge). 21 ③ 22 eating 23 ④ 24 ⑤ 25 (1) Oxford (2) it has become a world-famous place to visit

01 A: 달에 처음으로 발을 들여놓은 사람은 누구니?
   B: 닐 암스트롱이야. 그는 달에 처음 도착한 사람이야.
   ▶ set foot 들어서다, 발을 들여놓다
   【Words】 land 도착하다, 상륙하다

02 ① 대학 ② 사원, 절 ③ 신비, 불가사의 ④ 일기 ⑤ 주인, 소유자
   ▶ '매일 일어나는 일들에 대한 기록'은 journal(일기)에 대한 설명에 해당된다.

03 좋은 아침입니다, 일기예보를 알려 드리겠습니다. 밖은 화창하지만 오후에는 비가 예상됩니다. 우산 없이 집을 떠나지 마십시오. 오늘의 일기예보였습니다. 좋은 하루 보내십시오!
   ▶ 현재 날씨는 맑지만, 오후에는 비가 예상된다고 하였으므로 우산 '없이' 외출하지 말라는 말이 되어야 한다. 따라서 빈칸에는 ⑤의 '~ 없이'를 뜻하는 전치사 without이 알맞다.
   【Words】 weather forecast 일기예보 expect 예상하다, 기대하다 leave (사람·장소에서) 떠나다, 출발하다

04 (C) 너는 번지점프를 하러 가 본 적이 있니?
   (A) 아니. 넌 어때?
   (E) 나는 뉴질랜드에 갔을 때 한 번 번지점프를 해 봤어.
   (B) 무섭진 않았어?
   (D) 아니, 재미있었어. 난 그것을 다시 하고 싶어.

▶ 번지점프 해 본 적이 있냐고 묻자(C), 해 본 적이 없다고 말하고 상대방은 어떤지 되묻고(A), 뉴질랜드에서 번지점프를 해 봤다고 답하자(E), 어땠는지 묻고 답하는 대화가(B) - (D) 이어지는 흐름이 자연스럽다.
【Words】 bungee jumping 번지점프 scary 무서운, 겁나는

05 A: 너는 한국에 어떤 특별한 장소에 가 본 적이 있니?
   B: 응. 나는 지난 여름에 가족과 함께 울릉도에 갔었어.
   A: 거기 날씨는 어땠니?
   B: 주로 화창했지만, 날씨가 자주 바뀌었어.
   ▶ 빈칸에는 울릉도의 날씨를 묻는 표현이 알맞다. 이때 시제가 과거이므로 be동사는 was를 써서 How was the weather ~?로 물어야 한다.
   【Words】 special 특별한 mostly 주로

06 ~ 08

수호: 너는 전에 호주에 가 본 적이 있니?
Anna: 응, 있어. 사실, 나는 시드니에서 1년 동안 살았어.
수호: 멋지다! 거기 4월의 날씨는 어때? 나는 다음 주 방학에 시드니를 방문할 거야.
Anna: 4월은 시드니를 방문하기에 아주 좋은 시기야. 4월에 호주는 가을이거든.
수호: 좋아. 난 해변에서 시간을 좀 보내고 햇볕을 쬐며 쉴 생각이야.
Anna: 음, 4월에는 비가 자주 오지만, 맑은 날을 좀 즐길 수 있을 거야.
수호: 내 모자를 가져가고, 우산도 챙겨야겠다.
Anna: 좋은 생각이야. 즐겁게 여행하렴.
【Words】 actually 사실은, 정말로 vacation 휴가, 방학 autumn 가을 spend (시간을) 보내다 relax 휴식을 취하다 pack 짐을 싸다(챙기다)

06 ▶ (A) 이어지는 응답이 Yes, I have.이므로 빈칸의 질문은 「Have you+과거분사 ~?」로 묻는 질문인 ⓒ가 알맞다. (B) 빈칸 앞에서 날씨를 물어보고 있으므로, 날씨를 물어보는 이유를 말하는 ⓐ가 알맞다. (C) 날씨를 물어보는 질문 How's the weather there in April?에 대한 응답 ⓑ가 알맞다.

07 ① 내 모자를 가져가고, 털 코트도 챙겨야겠다.
   ② 내 목도리를 가져가고, 우산도 챙겨야겠다.
   ③ 내 모자를 가져가고, 우산도 챙겨야겠다.
   ④ 내 수영복을 가져가고, 털 코트도 챙겨야겠다.
   ⑤ 내 목도리를 가져가고, 선글라스도 챙겨야겠다.
   ▶ 시드니는 4월에는 비가 자주 오긴 하지만 맑은 날도 좀 있을 거라고 하였으므로, 비가 오는 날을 대비해서는 우산을, 맑은 날을 대비해서는 모자를 챙기는 것이 알맞다.

【Words】 fur coat 털 코트　muffler 목도리, 머플러

08 ▶ ⑤ Anna의 말 Well, it often rains in April ~에서 4월에 비가 자주 오는 것을 알 수 있다.

09 동시에 두 가지 일을 하는 것은 어렵다.

　▶ ① 주어 자리에는 to부정사를 대신하여 가주어로 쓰이는 It을 써야 한다. This → It

　【Words】 at the same time 동시에

10 A: 오늘밤 영화 보러 가는 거 어때?

　B: 미안하지만 못 가. 나는 오늘 해야 할 일이 많아.

　▶ '~해야 할'의 뜻으로, 명사 work를 수식하려면 ④의 to부정사 형태가 되어야 한다.

11 〈보기〉 겨울에는 감기에 걸리기 쉽다.

　① 오늘은 매우 춥다.

　② 영어를 배우는 것은 재미있다.

　③ 그것은 책상 바로 아래에 있다.

　④ 그것은 쉬운 질문이 아니다.

　⑤ 내일은 비가 올 것이다.

　▶ 〈보기〉와 ②의 It은 가주어이다. ①, ⑤는 날씨를 나타내는 비인칭주어 It이며, ③, ④는 대명사 It이다.

12 A: 너는 캠프에 무엇을 가지고 가고 싶어?

　B: 나는 캠프 동안 먹을 간식을 가지고 가고 싶어.

　▶ to부정사가 명사를 수식할 때는 「명사(구)+to부정사」의 순으로 써야 한다.

　【Words】 snack 간식

13 A: 쓸 것 좀 줄래?

　B: 물론이지. 여기 펜이 있어.

　▶ '가지고 쓸 것 좀 줄래?'라는 의미를 나타내기 위해 to부정사가 앞에 있는 something을 수식해 주어야 한다. '가지고 쓸'을 의미하므로 전치사는 with를 사용한다.

14 ▶ 가주어 it이 주어 자리에, 진주어 to eat breakfast가 문장 뒤에 위치한다.

15 ① 그 아이는 조용히 있는 것이 어려웠다.

　② 그녀가 번지점프를 시도한 것은 용감한 일이었다.

　③ 네가 최선을 다하는 것은 중요하다.

　④ 내가 그 수수께끼를 푸는 것은 불가능하다.

　⑤ 네가 이 강에서 수영하는 것은 위험한 일이다.

　▶ ② brave는 성격이나 성품을 나타내는 형용사이므로 to부정사의 의미상의 주어는 「of+목적격」으로 쓴다. ②를 제외한 나머지는 모두 빈칸에 for를 써야 한다.

　【Words】 brave 용감한　do one's best 최선을 다하다 dangerous 위험한

16~17

　안녕, 나는 Lucy Hunter이고, 런던에 살고 있어. 지난주, 우리 가족은 3일 동안 휴가를 갔어. 여행 중에, 나는 내 일기에 간단한 그림을 그렸어. 그건 모든 특별한 순간을 포착할 수 있는 아주 좋은 방법이었어.

　【Words】 simple 단순한, 간단한　journal 일기　capture 포착하다, 담아내다

16 ① Lucy는 어디에 사는가?

　② Lucy는 휴가를 어디로 갔는가?

　③ Lucy는 언제 휴가를 갔는가?

　④ Lucy는 여행하는 동안 무엇을 했는가?

　⑤ Lucy는 며칠 동안 여행했는가?

　▶ Lucy가 어디로 휴가를 갔는지는 본문에 언급되어 있지 않다.

17 ① 물어봐야 할 많은 질문들이 있다.

　② 우리는 그에게 도망갈 기회를 주었다.

　③ 그는 도움을 요청하려고 그의 친구에게 전화했다.

　④ 나는 너와 놀 시간이 없다.

　⑤ 네가 설거지를 할 차례가 아니니?

　▶ ③의 to ask는 '부탁하기 위해서'를 뜻하며, to부정사의 부사적 용법(목적)으로 쓰였다. ⓐ와 나머지 선택지의 to부정사는 명사 뒤에서 명사를 수식하는 형용사적 용법으로 쓰였다.

18~20

8월 5일

　드디어, 우리는 지구상에서 가장 불가사의한 장소들 중 하나인 스톤헨지에 발을 들여놨어. 우리는 런던에 있는 우리 집에서 차로 두 시간을 달린 끝에, 마침내 스톤헨지에 도착했어. <u>우리는 원형으로 둘러서 있는 거대한 돌들을 봤어. 그것은 그저 놀라웠어.</u> 어떻게 그 거대한 돌들이 수천 년 전에 그곳에 도달했을까? 그것들은 무엇을 위한 것이었을까? 나는 스톤헨지가 오랫동안 불가사의로 남아 있을 거라고 생각해.

　【Words】 at last 마침내, 드디어　set foot 들어서다, 발을 들여놓다 mysterious 신비한　thousands of 수천의　remain 여전히 ~이다, 남아 있다　mystery 수수께끼, 미스터리

18 ▶ 밑줄 친 두 문장은 '원형으로 둘러서 있는 거대한 돌들을 보는 것은 그저 놀라웠다.'의 의미의 문장으로 고쳐 쓸 수 있다. 가주어 it으로 시작하는 것으로 보아 It ~ to부정사의 가주어, 진주어 구문이므로 빈칸에는 to see가 알맞다.

19 ▶ 바로 앞의 질문들로 보아 오랫동안 미해결된 채로 남아 있을 것이라는 의미가 자연스러우므로, 빈칸에는 '불가사의, 미스터리'를 뜻하는 명사 mystery가 알맞다. '불가사의한, 미스터리한'을 뜻하는 본문의 형용사 mysterious를 변형하여 쓴다.

20 Q. 런던에서 스톤헨지까지는 얼마나 오래 걸렸는가?

▶ 런던에 있는 집에서 스톤헨지까지는 차로 두 시간이 걸렸다고 하였다. 「It takes+시간 ~」은 '(얼마의 시간이) 걸리다'라는 뜻이다.

21 ~ 23

8월 6일

아침에, 우리는 코츠월드 주변을 걸어 다녔어. 오후에 비가 오기 시작해서, 우리는 B&B 안에서 머물기로 했어. B&B는 영국에서 머물기에 인기 있는 곳이야. 호텔보다는 더 집처럼 느껴져. 주인은 오늘 오후 다과회에 우리를 초대했어. 식탁에는 과자, 케이크, 빵, 그리고 치즈가 가득했어. 내가 먹느라 바쁜 동안, 엄마는 예쁜 컵과 접시에 감탄하고 있었어. 나는 너무 많이 먹어서 저녁 식사 때는 아무것도 먹을 수가 없었어.

【Words】 indoors 실내에서, 실내로 B&B (Bed-and-Breakfast) 아침 식사를 제공하는 숙박 시설 owner 주인, 소유자 admire 존경하다, 감탄하며 바라보다 plate 접시, 그릇

21 ▶ 주어진 문장의 It은 바로 앞 문장의 A B&B를 가리키며 B&B에 대한 정의에 이어지는 보충 설명에 해당된다. 따라서 주어진 문장의 위치는 ③이 알맞다.

22 ▶ be busy -ing ~하느라 바쁘다

23 ▶ ④ 마지막 문장에서 글쓴이는 저녁식사는 배가 불러서 먹지 못했다고 하였다.

24 ~ 25

8월 7일

우리가 마지막으로 간 곳은 옥스퍼드였어. 우리는 먼저 크라이스트 처치 칼리지에 갔어. 그곳은 《해리 포터》 영화 시리즈에 나온 이후로 방문해야 할 세계적인 명소가 되었어. 영화에서는, Harry와 다른 모든 사람이 크라이스트 처치 홀에서 저녁을 먹거든. 우리는 이 대학을 졸업한 유명한 사람들의 초상화도 봤어. 우리가 건물 밖으로 나왔을 때, 나는 유명한 올리브 나무로 걸어가 그것을 만졌어. "내가 이 나무를 만졌기 때문에 나는 옥스퍼드 대학에 들어갈 거야!"라고 내가 말했어. 그러자, 오빠가 내게 웃으며 말했어. "벽에 걸린 네 초상화를 빨리 보고 싶은걸."

【Words】 hall 홀, 회관 portrait 초상화 graduate 졸업하다 university 대학 can't wait to ~를 몹시 바라다

24 ▶ ⓔ의 it은 the famous olive tree를 가리키고, 나머지는 모두 Christ Church College를 가리킨다.

25 크라이스트 처치 칼리지는 옥스퍼드에 있다. 이 대학은 해리포터 영화에 나왔다. 그때부터 그곳은 방문해야 할 세계적인 명소가 되었다.

▶ (1) 본문의 첫 번째 문장에서 크라이스트 처치 칼리지는 옥스퍼드에 있다는 것을 알 수 있다. (2) It has become a world-famous place to visit since it appeared in the *Harry Potter* movies.에서 이 대학은 《해리포터》 영화

에 나온 후로 방문해야 할 세계적인 명소가 되었다는 것을 알 수 있다.

서술형 평가

01 (1) No, I haven't. (2) Have you ever ridden a horse?
02 (1) some books to read
　(2) a camera to take pictures with
03 it's not going to rain 또는 it will not rain
04 is fun to make cookies
05 (1) (It's because) It started to rain in the afternoon.
　(2) (It's because) She ate too much for afternoon tea.

01 A: 너는 달팽이를 먹어 본 적이 있니, 민지야?
　B: 아니, 먹어 본 적 없어. 하지만 나는 언젠가 먹어 보고 싶어.
　A: 너는 말을 타 본 적이 있니?
　B: 응, 타 본 적 있어. 그것은 재미있었지만, 약간 겁이 나기도 했어.
　▶ (1) No, I haven't.의 부정의 대답으로 쓴다. (2) 「Have you ever+과거분사 ~?」로 경험을 묻는 말을 쓴다.
　【Words】 snail 달팽이 try 시도하다, 시식하다 someday 언젠가 a little 약간 scary 무서운

02 (1) 나는 비행기에서 읽을 책 몇 권을 갖고 갈 거야. (2) 나는 또한 사진을 찍을 카메라를 갖고 갈 거야.
　▶ to부정사의 형용사적 용법을 이용해 각각의 물품의 용도를 설명하는 말을 연결한다. (1) 「명사+to부정사」의 어순으로 쓴다. (2) 「명사+to부정사+전치사」의 어순으로 쓴다.
　【Words】 plane 비행기 take pictures 사진을 찍다

03 A: 엄마, 오늘 날씨가 어때요? 우산이 필요한가요?
　B: 밖이 꽤 흐리구나. 내가 일기예보를 확인해 볼게.
　A: 고마워요, 엄마.
　B: 음, 오늘은 비가 오지 않을 것 같구나.
　A: 잘됐네요! 그렇다면, 전 오늘 우산이 필요 없겠네요.
　▶ 우산이 필요 없겠다는 말이 이어지는 것으로 보아 빈칸에는 '비가 오지 않을 것 같다'라는 말이 알맞다. 날씨를 나타내는 비인칭주어 it과 미래를 나타내는 be going to 또는 will을 사용하여 예상을 나타낸다.
　【Words】 quite 꽤, 상당히 outside 바깥에, 외부에 weather forecast 일기 예보

04 쿠키를 만드는 것은 재미있다.

▶ 「It ~ to부정사」의 가주어 – 진주어 구문을 사용하여 문장을 완성한다.

05 8월 6일

아침에, 우리는 코츠월드 주변을 걸어 다녔어. 오후에 비가 오기 시작해서, 우리는 B&B 안에서 머물기로 했어. B&B는 영국에서 머물기에 인기 있는 곳이야. 호텔보다는 더 집처럼 느껴져. 주인은 오늘 오후 다과회에 우리를 초대했어. 식탁에는 과자, 케이크, 빵, 그리고 치즈가 가득했어. 내가 먹느라 바쁜 동안, 엄마는 예쁜 컵과 접시에 감탄하고 있었어. 나는 너무 많이 먹어서 저녁 식사 때는 아무것도 먹을 수가 없었어.

▶ (1) 두 번째 문장에서 오후에 비가 오기 시작해서 실내에서 머물기로 결정했다고 하였다.

(2) 마지막 문장에서 Lucy는 너무 많이 먹어서 저녁 식사 때는 아무것도 먹을 수가 없었다고 하였다.

Lesson 4 Giving a Hand

Vocabulary

Vocabulary Check-up   p. 60

(1) generation (2) favor (3) material (4) respect (5) jump for joy (6) 편안한, 쾌적한 (7) 뒤꿈치 (8) 믿을 수 있는, 믿을 만한 (9) 시행착오 (10) ~에 성공하다

Vocabulary Practice   p. 61

A disease B ② C ④ D keep an eye on my bag
E eating

A 주어진 단어는 '나이 드신: 늙은'의 뜻으로 유의어 관계이다. illness는 '병, 아픔'의 뜻이므로 빈칸에는 disease(질병)이 알맞다.

B ① 압력 ② 장치, 기기 ③ 재료 ④ 신호 ⑤ 상태

▶ '특정한 일을 하는, 대개 작은 전자식 기계'는 device(장치, 기기)에 대한 영영풀이이다.

C • 싸움을 포기하지 마라. 그냥 계속 노력해라.

• 그 아이는 방황하다가 숲에서 길을 잃었다.

▶ give up 포기하다   wander off 돌아다니다, 헤매다

D 제가 화장실에 가있는 동안 제 가방 좀 봐 주세요.

▶ keep an eye on ~을 계속 지켜보다(감시하다)

E 나는 피곤하다. 나는 단것을 먹고 싶다.

▶ feel like -ing ~을 하고 싶다

Expressions

Expressions Practice   p. 63

A ③ B Can you move this box for me
C (C)–(A)–(D)–(B) D ④

A A: 내 부탁을 들어줄 수 있니?

B: 물론이지. 부탁이 뭔데?

A: 필기한 것 좀 보여 줄 수 있니?

B: 그럼. 물론이지.

① 나를 도와줄 수 있니?

② 너에게 부탁 하나 해도 될까?

③ 무엇을 도와드릴까요?

④ 나 좀 도와줄래?

⑤ 내 부탁 하나 들어줄 수 있니?

▶ 빈칸에는 도움을 부탁하는 표현이 알맞다. ③을 제외한 나머지는 도움을 요청하는 표현이다. ③은 '무엇을 도와드릴까요?'라는 의미로 상점에서 점원이 손님에게 도움을 제안하는 표현이다.

B A: 날 위해 이 상자를 옮겨 줄 수 있니? 이건 너무 무거워.

B: 물론이야. 문제없어.

▶ 「Can you+동사원형 ~?」을 이용하여 상대방에게 도움을 요청하는 표현을 쓴다.

C (C) 내 부탁을 들어줄 수 있니?

(A) 물론이지. 부탁이 뭔데?

(D) 나의 가족은 일주일 동안 휴가를 가려고 해. 우리 집에 와서 화초에 물을 줄 수 있니?

(B) 그래, 해 줄 수 있어.

▶ 상대방에게 도와줄 수 있는지를 먼저 묻고(C), 도와줄 수 있다고 하자(A), 구체적으로 휴가를 가 있는 동안 화초에 물을 줘 달라는 요청과(D) 요청을 수락하는 표현이(B) 이어지는 것이 자연스럽다.

D A: 내 과학 보고서를 도와줄 수 있니?

B: ④ 미안하지만 안 될 것 같아. 나는 지금 아주 바빠.

①, ③, ⑤ 물론이야. ② 천만에. ④ 미안하지만 안 될 것 같아.

▶ 빈칸 뒤에 '매우 바쁘다'라는 말로 보아 빈칸에는 부탁을 거절하는 표현인 ④가 알맞다. ①, ③, ⑤는 부탁을 수락하는 표현이며, ②는 감사에 답하는 표현이다.

Grammar

p. 65

Grammar Practice

A ⑴ whom ⑵ that ⑶ which **B** ④

C ⑴ a famous pop singer who(m)(that) I like most
⑵ the suit which(that) I will wear at the interview

D It was so hot that I stayed home. **E** ⑤

A ⑴ Max는 많은 아시아인들이 좋아하는 가수이다.

⑵ 이것은 내가 정말 사고 싶은 자전거이다.

⑶ 나는 아빠가 만든 피자를 조금 먹었다.

▶ ⑴ 선행사가 a singer로 사람이므로 목적격 관계대명사로 who(m)(that)를 쓴다. ⑵, ⑶ 선행사가 각각 a bike와

some pizza로 사물이므로 목적격 관계대명사로 which(that)를 쓴다.

B ▶ '매우 ~해서 (결과적으로) …하다'는 「so+형용사/부사+that+주어+동사」의 어순으로 쓴다.

C ⑴ Christina는 유명한 인기 가수이다. 나는 그녀를 가장 좋아한다.

→ Christina는 내가 가장 좋아하는 유명한 인기 가수이다.

⑵ 이것은 정장이다. 나는 그것을 면접에서 입을 것이다.

→ 이것은 내가 면접에서 입을 정장이다.

▶ ⑴, ⑵ 선행사가 두 번째 문장의 목적어와 대상이 같으므로, 「목적격 관계대명사+주어+동사 ~」의 어순으로 선행사를 수식하는 절을 만든다. ⑴은 선행사가 사람이므로 목적격 관계대명사로 who(m)(that)를 쓰고, ⑵는 선행사가 사물이므로 목적격 관계대명사로 which(that)를 쓴다.

D ▶ '매우 ~해서 (결과적으로) …하다'는 「so+형용사/부사+that+주어+동사」의 어순으로 쓴다.

E ① 내 가방을 가져간 사람은 누구니?

② 탁자 위에 있는 책은 내 것이다.

③ Jason은 나에게 진실을 말해 준 유일한 사람이다.

④ 나는 신선한 과일을 파는 식료품 가게를 안다.

⑤ 그는 우리가 기다려 왔던 사람이다.

▶ 목적격 관계대명사로 쓰인 ⑤의 관계대명사 who는 생략 가능하다. ⑤를 제외한 나머지 관계대명사는 주격 관계대명사이므로 생략할 수 없다.

Reading

Reading Practice

pp. 68~70

01 ①, ②, ④ **02** ② **03** ④ **04** 할아버지가 침대에서 나오는 것 **05** giving **06** ④ **07** ③ **08** inventor **09** ③ **10** ⑤ **11** ⓐ three activities ⓑ the elderly people in our city **12** ② **13** ② **14** ①, ②, ⑤ **15** ③

01 ~ 02

Kenneth Shinozuka는 3대에 걸친 행복한 대가족에서 자랐다. 그는 어렸을 때부터 언제나 할아버지와 매우 가깝게 지냈다. 그는 Kenneth의 첫 친구이자, 그의 믿음직한 운전사였고, 그의 요리사였다. 그는 또한 그에게 여러 인생의 교훈을 가르쳐 주었다. 그는 Kenneth가 세상에서 가장 존경한 사람이었다.

【Words】 grow up 자라다, 성장하다 generation 세대 since ~한 때로부터, ~한 이후로 close 친밀한, 가까운 trusty 믿을 수 있는, 의지할 수 있는 lesson 교훈 respect 존경하다, 존중하다

01 ▶ 선행사(the person)가 사람이고 관계대명사절에서 목적어의 역할을 하므로 빈칸에는 목적격 관계대명사 who(m)(that)이 알맞다.

02 ▶ ② Kenneth는 어렸을 때부터 언제나 할아버지와 매우 가깝게 지냈다고 하였다.

03~04

Kenneth가 네 살이었을 때, 그의 할아버지는 어느 날 산책을 나갔다가 길을 잃었다. 그는 알츠하이머병을 앓고 있었다. Kenneth의 가족은 모두 충격을 받았다. 그의 상태는 그 후 10년간 더 나빠졌다. 그가 밤에 너무 자주 돌아다녀서 누군가는 그를 밤새 지켜보아야 했다. 어느 날 밤, Kenneth의 할아버지가 침대에서 나왔고, Kenneth는 그것을 보았다. 그 순간, 그는 "그의 양말 뒤꿈치에 압력 감지기를 붙이는 건 어떨까?"라고 혼잣말을 했다.

【Words】 go out for a walk 산책하러 나가다 disease 병, 질병 condition 상태, 조건, 상황 wander off 돌아다니다, 헤매다 keep an eye on ~을 계속 지켜보다 pressure 압력 sensor 감지기, 센서 heel 뒤꿈치

03 ▶ ⓓ의 wander off는 '돌아다니다, 헤매다'를 뜻한다.

04 대명사 it은 바로 앞 문장의 내용인 '할아버지가 침대에서 나오는 것'을 가리킨다.

05~09

Kenneth가 해야 할 일이 많았다. 그는 우선 압력 감지기를 만들어야 했고, 그의 스마트폰으로 신호를 보내는 방법을 찾아야 했다. Kenneth는 또한 나이 드신 그의 할아버지를 위한 편안한 양말을 만들기 위해 다양한 재료들을 시도해 보았다. 그는 포기하고 싶었을 때, 그의 할아버지의 안전에 대해 생각 했다. 수많은 시행착오 끝에, 그는 마침내 그의 장치를 만드는 데 성공했다. 그것이 처음 작동했을 때, 그는 너무 행복해서 팔짝팔짝 뛰었다. 그는 자신의 발명품이 실제로 작동했다는 것을 믿을 수 없었다. 그의 할아버지에게, Kenneth는 세계 최고의 발명가이다. Kenneth에게, 그의 할아버지는 여전히 가장 친한 친구이다.

【Words】 create 만들다, 창조하다 signal 신호, 통신 material 재료, 소재 comfortable 편안한, 쾌적한 feel like -ing ~하고 싶다 give up 포기하다 trial and error 시행착오 succeed 성공하다 device 장치, 기기

05 ▶ feel like -ing ~하고 싶다

06 ▶ '매우 ~해서 …하다'의 의미의 「so+형용사/부사+that+주어+동사」의 구문이다.

07 ① 나는 간호사로 일했다.
② 그의 새로운 계획은 효과가 있었다.
③ 그 컴퓨터는 마침내 작동했다.
④ 그녀는 밤늦게까지 일했다.
⑤ 그는 큰 회사에서 일했다.

▶ ⓒ와 ③의 work는 '(기계가) 작동하다'의 뜻으로 쓰였다.

08 ▶ 손자가 할아버지를 위해 발명을 한 상황이므로 빈칸에는 '발명가'를 뜻하는 inventor가 알맞다. '발명'을 뜻하는 본문의 invention을 변형하여 쓴다.

09 ▶ ③ 편안한 양말을 만들기 위해 값비싼 재료가 아닌 다양한 재료를 시도하였다고 하였다.

10~11

저는 우리 도시의 어르신들을 위해 우리가 하려고 계획하고 있는 봉사활동에 대해 이야기하고 싶습니다. 우리는 세 가지 활동을 생각해 냈습니다. 그것들 중에 하나는 그분들을 위해서 팥빙수를 만들어서 같이 먹는 것입니다. 두 번째는 수영장에 가는 것입니다. 셋째, 우리는 그분들이 좋아하시는 몇 가지 노래들을 부르고 싶습니다. 마지막 것은 그분들과 함께 윷놀이를 하는 것입니다.

【Words】 volunteer work 자원봉사 be planning to ~할 계획이다 come up with ~을 생각해 내다 activity 활동 several 몇, 몇의

10 ① 여름을 위한 재미있는 활동
② 어르신들이 원하는 것
③ 우리 도시의 가장 큰 문제
④ 맛있는 팥빙수를 만드는 법
⑤ 자원봉사를 위한 우리의 계획

▶ 위 글은 자원봉사 계획에 관한 글이므로 '자원봉사를 위한 우리의 계획'이 제목으로 알맞다.

11 ▶ ⓐ의 them은 앞 문장의 three activities(세 가지 활동)를 가리킨다. ⓑ의 them은 첫 번째 문장의 the elderly people in our city(우리 도시의 노인들)를 가리킨다.

12~14

안녕하세요, 저는 김도하입니다. 저는 당신의 자원봉사 프로젝트에 참가하고 싶습니다. 어느 날, 저는 TV에서 불쌍한 개들을 보았어요. 그들이 너무 슬퍼보여서 저는 그들을 돕고 싶었어요. 저는 개들을 좋아해요, 그리고 저는 그들을 위해서 많은 일을 해 줄 수 있어요. 저는 개들을 산책시킬 수도 있고, 목욕시킬 수도 있고, 그들과 놀아 줄 수도 있어요. 저는 당신이 찾고 있는 그 사람이에요!

【Words】 would like to ~하고 싶다 walk 산책시키다 give ~ a bath ~을 목욕시키다

12 ▶ 주어진 문장의 They는 앞 문장에서 언급된 TV에 나온 불쌍한 개들(some poor dogs on TV)을 지칭한다. 따라서 주어진 문장의 위치는 ②가 알맞다.

13 ▶ 첫 번째 문장 I would like to join your volunteer project.에 이 글을 쓴 목적이 나타나 있다.

14 ▶ 마지막에서 두 번째 문장에 도하가 개를 위해 할 수 있는 일 세 가지가 언급되어 있다.

15 여러분은 아이들을 돕고 싶나요? 라오스 아이 돌봄 프로젝트에 참여하세요. (C) 여러분은 지역의 아이들을 가르칠 것입니다. (A) 여러분은 또한 그들을 위해 학교를 지을 것입니다. (D) 일이 너무 힘들어서 처음에 여러분은 집에 가고 싶을 거예요. (B) 하지만 이 아이들을 돌보는 데서 여러분은 행복을 찾을 수 있을 것입니다.

▶ also(또한), but(그러나) 등에 주의하여 순서를 배열한다.

【Words】 local 지역의 at first 처음에 happiness 행복

단원 Test

pp. 71~75

01 trusty **02** up **03** ③ **04** ⑤ **05** Can you take care of my cat **06** ② **07** ④ **08** ⑤ try to understand → trying to understand **09** ③ **10** ② **11** ② **12** She is the girl who(m)(that) I saw in the library yesterday. **13** ③ **14** so early that she was sleepy **15** ①, ③, ⑤ **16** ⑤ **17** ④ **18** ⑤ **19** He wandered off at night so often that someone had to keep an eye on him all night long. **20** ⑤ **21** ⑤ **22** ② **23** ② **24** ③ **25** ④

01 Ann은 항상 그녀의 약속을 지킨다. 그녀는 나의 믿을 수 있는 친구이다.

▶ 빈칸에는 명사 friend를 수식하는 형용사형이 들어가야 하므로 '믿을 수 있는'을 뜻하는 trusty가 알맞다.

【Words】 keep one's promise ~의 약속을 지키다

02 • 나는 서울에서 태어났지만, 부산에서 자랐다.

• 나는 시도하지도 않고 포기하지 않겠다.

▶ grow up 자라다, 성장하다 give up 포기하다

03 A: 내 가방을 들어 줘서 고마워.

B: 천만에.

▶ 빈칸에는 감사에 답하는 표현이 알맞다. ③의 That's all right.는 '괜찮아'라는 뜻으로 사과에 답하는 표현이다.

【Words】 carry 운반하다, 나르다

04 (B) 이번 주말에 어떤 특별한 계획이 있니?

(D) 아니, 나는 그냥 집에 있을 거야.

(A) 오, 그러면 저녁 식사 하러 우리 집으로 올래?

(C) 물론이지. 나를 초대해 줘서 고마워.

▶ 주말에 특별한 계획이 있는지 묻자(B) 별 계획이 없다고 답하고(D) 그렇다면 저녁 식사에 초대하겠다고 하자(A) 초대를 받아들이며 감사하는(C) 대화가 이어지는 것이 자연스럽다.

【Words】 come over (to) (~의 집에) 들르다

05 A: Andrew, 부탁을 하나 들어줄 수 있니?

B: 좋아. 부탁이 뭔데?

A: 우리 가족이 이번 주말에 제주도에 가. 이번 주말 동안 내 고양이를 돌봐 줄 수 있니?

B: 물론이지. 그녀에 대해 걱정하지 말고, 여행 즐겁게 해.

▶ 빈칸에는 고양이를 돌봐 달라는 부탁의 표현이 알맞다. 「Can you+동사원형~?」으로 도움을 요청하는 표현을 쓴다.

【Words】 favor 부탁 take care of ~을 돌보다

06 ~ 07

Jaden: 유리야, 나 좀 도와줄 수 있어?

유리: 물론이지. 뭔데, Jaden?

Jaden: 여자아이를 위한 야구 모자를 사러 함께 갈 수 있을까?

유리: 응, 당연하지. 누구를 위한 건데?

Jaden: 내 여동생 Kate를 위한 거야.

유리: 오, 그녀에게 생일 선물을 사 주는 거니?

Jaden: 아니, 그녀의 생일은 10월이나 되어야 해.

유리: 그럼, 왜 그녀에게 야구 모자를 사 주려는 건데?

Jaden: 그녀는 지난주에 자전거를 타다가 다리가 부러졌거든. 그냥 그녀의 기운을 북돋워 주고 싶어.

유리: 오, 알겠어. 나는 이번 금요일 오후에 갈 수 있어.

Jaden: 그거 좋다. 고마워.

【Words】 October 10월 break 부러뜨리다 cheer up 격려하다, 기운을 북돋우다 perfect 완벽한

06 ① 절대 안 돼.

② 응, 물론이지.

③ 잘됐다!

④ 천만에.

⑤ 미안하지만 그럴 수 없어.

▶ 대화 후반부에서 유리는 금요일에 쇼핑을 갈 수 있다고 하였으므로 빈칸에는 쇼핑을 같이 가 달라는 Jaden의 요청을 수락하는 표현이 알맞다.

07 ① Jaden은 유리가 자신과 함께 쇼핑하러 가기를 원한다.

② Jaden의 여동생은 지난주에 다리가 부러졌다.

③ Jaden은 그의 여동생의 기운을 북돋워 주기를 원한다.

④ Jaden은 그의 여동생을 위한 생일 선물을 살 것이다.

⑤ 유리는 이번 주 금요일 오후에 Jaden과 함께 쇼핑을 갈 수 있다.

▶ ④ Jaden은 여동생의 생일 선물을 사는 것은 아니라고 하였다.

08 ~ 09

안녕하세요, 엄마! 안녕하세요, 아빠! 아시다시피, 오늘이 제 15번째 생일이에요. 저는 제 부모님이 되어 주신 것에 대해 감사할 기회

가 없었어요. 부모님은 정말 제 친구이자 선생님이 되어 주셨어요. 저를 지지해 주시고 저를 항상 이해하려고 노력해 주셔서 감사해요. 부모님의 딸이어서 저는 정말로 자랑스러워요.

【Words】 chance 기회　parent 부모　truly 진심으로　support 지지하다, 뒷받침하다　try to ~하도록 노력하다　proud 자랑스러운

08 ▶ ⑤ 「Thank you for + (동)명사」는 '~에 감사하다'의 의미로 for의 목적어인 supporting과 trying이 and로 연결되어 둘 다 동명사의 형태가 되어야 한다. try to understand → trying to understand

09 ▶ ① 글쓴이는 자신의 15번째 생일을 맞아 부모님께 감사하고 있다. ② 글쓴이는 이제까지 부모님께 부모님이 되어 주신 것에 대해 감사를 표현할 기회가 없었다. ③ 글쓴이의 부모님은 글쓴이의 친구이자 선생님이 되어 주셨다고 하였다. ④ 글쓴이가 아닌 부모님이 글쓴이를 이해하려고 노력해 왔다. ⑤ 부모님이 아닌 글쓴이가 부모님을 자랑스러워한다고 하였다.

10 내가 지난주에 산 책은 읽기 쉽다.
▶ ② 목적격 관계대명사는 생략할 수 있다.

11 A: 지난밤에 잘 잤니?
B: 아니, 잘 못 잤어. 너무 시끄러워서 나는 잠을 잘 수가 없었어.
▶ '너무 시끄러워서 잘 수 없었다'의 의미가 자연스럽다. '매우 ~해서 …하다'는 「so + 형용사 / 부사 + that + 주어 + 동사」의 구문을 이용한다. 이때 빈칸 앞에 be동사가 있는 것으로 보아 so 다음은 보어 자리이므로 형용사가 와야 한다.

【Words】 noisy 시끄러운

12 그녀는 소녀이다. 나는 그녀를 어제 도서관에서 봤다.
→ 그녀는 내가 어제 도서관에서 본 소녀이다.
▶ 앞 문장의 the girl과 뒤 문장의 her가 같은 대상이므로, 앞 문장의 the girl을 선행사로 하는 목적격 관계대명사절로 뒤 문장을 연결시킨다. 선행사가 사람이므로 관계대명사는 who(m)〔that〕을 쓴다.

13 • 그가 그 사고를 본 사람이다.
• 나는 내 남동생이 망가뜨린 우산을 고치려고 노력했다.
• 그녀는 내가 가장 좋아하는 영화배우이다.
▶ 선행사가 the man으로 사람이며 saw의 주어 역할을 하므로 주격 관계대명사 who가 빈칸에 알맞다. / 선행사가 the umbrella로 사물이며 broke의 목적어 역할을 하므로 목적격 관계대명사 which〔that〕가 알맞다. / 선행사가 the movie star로 사람이며 like의 목적어 역할을 하므로 목적격 관계대명사 whom〔who/that〕이 알맞다.

14 '매우 ~해서 …하다'는 「so + 형용사 / 부사 + that + 주어 + 동사」의 어순으로 쓴다.

15 ① 그녀가 내가 너에게 말했던 소녀이다.
② 나에게는 캐나다에서 살고 있는 친구가 있다.
③ 네가 도와준 어르신은 나의 할아버지이다.
④ 나는 나에게 은행에 가는 길을 알려 준 소년에게 감사했다.
⑤ 그가 정말 보고 싶었던 텔레비전 프로그램이 있었다.
▶ ①, ③, ⑤는 목적격 관계대명사로 생략할 수 있지만 ②, ④는 주격 관계대명사로 생략할 수 없다.

16 ~ 17
Kenneth Shinozuka는 3대에 걸친 행복한 대가족에서 자랐다. 그는 어렸을 때부터 언제나 할아버지와 매우 가깝게 지냈다. 그는 Kenneth의 첫 친구이자, 그의 믿음직한 운전사였고, 그의 요리사였다. 그는 또한 그에게 여러 인생의 교훈을 가르쳐 주었다. 그는 Kenneth가 세상에서 가장 존경한 사람이었다.

【Words】 grow up 자라다, 성장하다　generation 세대　since ~한 때로부터, ~한 이후로　close 친밀한, 가까운　trusty 믿을 수 있는, 의지할 수 있는　lesson 교훈　respect 존경하다, 존중하다

16 ① 수업을 빼먹지 마라.
② 이 선생님은 바이올린 교습을 한다.
③ 나의 이모는 운전 교습을 받고 있다.
④ 그 수학 교과서에는 8개의 과가 있다.
⑤ 나는 그 경험으로부터 중요한 교훈을 배웠다.
▶ ⓐ와 ⑤의 lesson(s)는 '교훈'의 의미로 쓰였다.

17 ① Kenneth의 가족에는 몇 대가 있는가?
② 누가 Kenneth의 첫 번째 친구였는가?
③ Kenneth의 할아버지는 차를 운전할 수 있었는가?
④ Kenneth는 그의 할아버지로부터 어떤 교훈을 배웠는가?
⑤ Kenneth는 세상에서 누구를 가장 존경했는가?
▶ ④ Kenneth가 그의 할아버지로부터 어떤 교훈을 배웠는지는 본문에 나타나 있지 않다.

18 ~ 20
Kenneth가 네 살이었을 때, 그의 할아버지는 어느 날 산책을 나갔다가 길을 잃었다. 그는 알츠하이머병을 앓고 있었다. Kenneth의 가족은 모두 충격을 받았다. 그의 상태는 그 후 10년간 더 나빠졌다. 그가 밤에 너무 자주 돌아다녀서 누군가는 그를 밤새 지켜보아야 했다. 어느 날 밤, Kenneth의 할아버지가 침대에서 나왔고, Kenneth는 그것을 보았다. 그 순간, 그는 "그의 양말 뒤꿈치에 압력 감지기를 붙이는 건 어떨까?"라고 혼잣말을 했다.

【Words】 go out for a walk 산책하러 나가다　disease 병, 질병　condition 상태, 조건, 상황　wander off 돌아다니다, 헤매다　keep an eye on ~ ~을 계속 지켜보다　pressure 압력　sensor 감지기, 센서　heel 뒤꿈치

18 ▶ ⓐ go out for a walk 산책하러 나가다 ⓑ be in shock 충격에 빠지다

19 ▶ '매우 ~해서 …하다'의 의미의 「so+형용사/부사+that+주어+동사」의 구문을 이용하여 한 문장으로 쓴다.

20 ▶ ④ Kenneth는 양말 발목이 아닌 양말 뒤꿈치에 압력 감지기를 붙이는 것을 생각해내었다.

21~22

Kenneth가 해야 할 일이 많았다. 그는 우선 압력 감지기를 만들어야 했고, 그의 스마트폰으로 신호를 보내는 방법을 찾아야 했다. Kenneth는 또한 나이 드신 그의 할아버지를 위한 편안한 양말을 만들기 위해 다양한 재료들을 시도해 보았다. 그는 포기하고 싶었을 때, 그의 할아버지의 안전에 대해 생각했다. 수많은 시행착오 끝에, 그는 마침내 그의 장치를 만드는 데 성공했다. 그것이 처음 작동했을 때, 그는 몹시 행복해서 팔짝팔짝 뛰었다. 그는 자신의 발명품이 실제로 작동했다는 것을 믿을 수 없었다. 그의 할아버지에게, Kenneth는 세계 최고의 발명가이다. Kenneth에게, 그의 할아버지는 여전히 가장 친한 친구이다.

【Words】 create 만들다, 창조하다 signal 신호, 통신 material 재료, 소재 comfortable 편안한, 쾌적한 feel like -ing ~하고 싶다 give up 포기하다 trial and error 시행착오 succeed 성공하다 device 장치, 기기

21 ▶ 주어진 문장의 it은 바로 앞 문장의 his device를 지칭하므로 주어진 문장의 위치는 ⑤가 알맞다.

22 ① Kenneth는 그의 장치를 만들기 위해 우선 무엇을 했는가?
② Kenneth는 어떻게 그의 스마트폰으로 신호를 보냈는가?
③ Kenneth는 왜 다양한 재료들을 시도했는가?
④ Kenneth는 포기하고 싶을 때 무엇에 대해 생각했는가?
⑤ Kenneth는 그의 발명품이 실제로 작동했을 때 어떻게 느꼈는가?
▶ ② Kenneth가 그의 스마트폰으로 신호를 보낸 방법은 본문에 나타나있지 않다.

23~24

여러분은 아이들을 돕고 싶나요? 라오스 아이 돌봄 프로젝트에 참여하세요. 여러분은 지역의 아이들을 가르칠 것입니다. 여러분은 또한 그들을 위해 학교를 지을 것입니다. 일이 너무 힘들어서 처음에 여러분은 집에 가고 싶을 거예요, 하지만 이 아이들을 돌보는 데서 행복을 찾을 수 있을 것입니다.

【Words】 local 지역의 at first 처음에는 happiness 행복

23 ▶ 두 번째 문장 Join our Child Care Project in Laos. 에 글의 목적인 자원봉사자 모집에 대해 나타나 있다.

24 ▶ 문맥상 너무 힘들어서 집에 가고 싶을 것이라는 말이 자연스러우므로 빈칸에는 '힘든'을 뜻하는 hard가 알맞다.

25 안녕하세요, 저는 김도하입니다. 저는 당신의 자원봉사 프로젝트에 참가하고 싶어요. 어느 날, 저는 TV에서 불쌍한 개들을 보았어요. 그들이 너무 슬퍼보여서 저는 그들을 돕고 싶었어요. 저는 개들을 좋아해요, 그리고 저는 그들을 위해서 많은 일을 해줄 수 있어요. 저는 개들을 산책시킬 수도 있고, 목욕시킬 수도 있고, 그들과 놀아줄 수도 있어요. (대부분의 개들은 공을 갖고 노는 것을 좋아해요.) 저는 당신이 찾고 있는 그 사람이에요!

【Words】 would like to ~하고 싶다 walk 산책시키다 give ~ a bath ~을 목욕시키다

▶ 개와 관련한 자원봉사 활동에 지원한 목적과 개와 관련한 지원봉사와 관련된 자신의 장점을 서술한 글이다. ④는 개의 특성에 관한 문장으로 전체 글과는 직접적인 관련이 없다.

서술형 **평가**

p. 76

01 (1) No problem. / Of course. / Sure. / Okay. 등
(2) Sorry, but I can't. / I'm afraid I can't. 등
02 (1) Can you move this table with me?
(2) Thank you for helping me.
03 was so big that we couldn't finish
04 (1) The book that I read yesterday was very interesting.
(2) This is the letter which(that) Ms. Wilson wrote to me.
05 the pressure sensors on the socks send a signal to his smart phone

01 (1) A: 네 필기를 내게 보여 줄 수 있니? B: 물론이지. 여기 있어.
(2) A: 내 개를 산책시켜 줄 수 있니? B: 미안하지만 안 돼. 난 지금 바빠.

▶ (1) Here is your notebook.으로 보아 빈칸에는 도움 요청에 대하여 승낙하는 표현이 알맞다. (2) I'm busy now.로 보아 빈칸에는 도움 요청에 대하여 거절하는 표현이 알맞다.

02 A: 부탁을 하나 들어줄 수 있니?
B: 좋아. 부탁이 뭔데?
A: 나와 함께 이 탁자를 옮겨 줄래? 그건 너무 무거워.
B: 물론이지. 문제없어.
A: 나를 도와줘서 고마워.

【Words】 favor 부탁

▶ (1) 빈칸에는 탁자를 자신과 함께 옮겨 달라는 부탁의 말이 알맞다. 「Can you+동사원형~?」을 이용하여 상대방에게 도움을 요청하는 표현을 쓴다.

(2) 「Thank you for+(동)명사」를 이용하여 상대방의 도움에 대해 감사하는 표현을 쓴다.

03 그 피자는 너무 커서 우리는 그것을 다 먹을 수 없었다.

▶ 그림의 상황은 피자가 너무 커서 남긴 상황이다. '매우 ~해서 …하다'는 「so+형용사+that+주어+동사」의 어순으로 쓴다.

04 (1) 내가 어제 읽은 그 책은 재미있었다.

(2) 이것은 Wilson 선생님이 내게 쓴 편지이다.

▶ (1) 목적격 관계대명사 that이 관계대명사절에서 목적어를 대신하고 있으므로 read의 목적어 it을 써서는 안 된다.

(2) 선행사 the letter가 사물이므로 목적격 관계대명사는 who가 아닌 which(that)를 써야 한다.

05 어느 날 밤, Kenneth의 할아버지가 침대에서 나왔고, Kenneth는 그것을 보았다. 그 순간, 그는 "그의 양말 뒤꿈치에 압력 감지기를 붙이는 건 어떨까?"라고 혼잣말을 했다.

Kenneth가 해야 할 일이 많았다. 그는 우선 압력 감지기를 만들어야 했고, 그의 스마트폰으로 신호를 보내는 방법을 찾아야 했다. Kenneth는 또한 나이 드신 그의 할아버지를 위한 편안한 양말을 만들기 위해 다양한 재료들을 시도해 보았다.

Q. Kenneth의 특별한 양말은 어떻게 작동하는가?

A: 그의 할아버지가 바닥을 딛으실 때, 양말의 압력 감지기가 그의 스마트폰으로 신호를 보낸다.

▶ Kenneth의 특별한 양말이 작동하는 원리를 본문에서 찾아 쓴다.

1학기 중간고사 (Lesson 1~2)

pp. 78~82

01 ④ 02 cartoonist 03 ② 04 planning 05 ⑤ 06 ②
07 give it a try 08 ④ 09 ④ 10 〈예시 답안〉 You can find
them on the first floor, next to the elevator. 11 ③ 12 I
visited an Italian restaurant which(that) opened last
week. 13 desk has 14 while(when) 15 has rained
for five days 또는 has rained since Wednesday 16 ④
17 ③ 18 ④ 19 ③ 20 ④ 21 ② 22 ④ 23 ⑤ 24 ④
25 To protect themselves from enemies.

01 ① 하늘 ② 풀 ③ 바다 ④ 자연 ⑤ 숲

▶ '하늘, 풀, 바다, 숲'은 모두 '자연'에 포함된다.

02 A : 너는 미래에 무엇이 되고 싶니?

B : 나는 만화를 좋아하고, 그리기를 잘해. 그래서 나는 만화가가 되고 싶어.

▶ 빈칸에는 '만화가'를 뜻하는 cartoonist가 알맞다.

03 A : 너는 무엇을 하고 있니?

B : 나는 내 오래된 청바지로 스마트폰 케이스를 만들고 있어.

A : 왜! 넌 오래된 옷을 재활용하는 것을 잘하는구나.

B : 고마워. 나는 재활용하는 것을 좋아해. 그것은 재미있고, 또한 우리 지구에도 좋은 일이야.

▶ ⓐ be good at ~을 잘하다 ⓑ be good for ~에 좋다
【Words】 recycle 재활용하다 out of ~으로 clothes 옷, 의복

04~05

안녕, 모두들. 나는 김유진이야. 나는 너희들의 학급 반장이 되고 싶어. 나는 경청을 잘하고 항상 다른 사람들을 도우려고 노력해. 나는 또한 재미있는 학급 활동을 계획하는 것을 잘해. 나는 우리 반을 위해 열심히 일할 거야, 그러니 내게 투표해 줘. 들어 줘서 고마워.

【Words】 president (학급의) 반장 vote for ~에 투표하다

04 ▶ be good at은 '~을 잘하다'라는 뜻이다. 전치사 at 뒤에 동사는 동명사의 형태 planning이 되어야 한다.

05 ▶ ⓑ '~을 위해'를 뜻하는 전치사 for가 알맞다.

ⓒ vote for ~에 투표하다

06 안녕, Cindy? 뭐가 잘못됐니?

(B) 내일 전교생 앞에서 연설을 해야 해. 너무 긴장돼.

(A) 걱정하지 마. 넌 매우 훌륭한 연사잖아. 난 네가 잘할 것을 확신해.

(C) 고마워, 민호야. 이제 기분이 훨씬 나아졌어.

【Words】 give a speech 연설하다

▶ 무슨 문제가 있는지 묻는 질문으로 대화가 시작되므로 내일 연설이 걱정된다는 대답(B)이 이어지고, 이에 잘할 수 있을 거라는 격려의 말(A)과 격려에 감사하는 말(C)이 이어지는 것이 자연스럽다.

07 ~ 08

여자: 전주 한옥 게스트 하우스에 오신 것을 환영합니다. 도와 드릴까요?

남자: 네, 이틀 동안 묵을 방을 부탁합니다.

여자: 음, 어떤 종류의 방을 원하세요?

남자: 정원이 보이는 방이 있나요? 예쁜 정원을 갖고 계시네요.

여자: 네, 그렇습니다. 우리 숙소의 모든 방은 정원이 보이지만, 방에 침대는 없습니다.

남자: 바닥에서 자야 하나요?

여자: 네, 그렇습니다.

남자: 네, 한번 시도해 보죠. 아침은 어디서 먹을 수 있나요?

여자: 주방 옆에 있는 식당에서 아침을 드실 수 있어요.

남자: 알겠습니다.

여자: 네. 나비 방입니다. 여기 열쇠 받으세요.

남자: 감사합니다.

【Words】 guesthouse 게스트 하우스, 여행자를 위한 소규모 숙소 view 전망, 시야　 lovely 사랑스러운, 반할 만큼 아름다운　 give it a try 시도해 보다　 dining room 식당

07 ▶ 빈칸 앞에 O.K.로 보아 '한번 시도해 보다'라는 뜻의 give it a try가 알맞다.

08 ① 게스트 하우스에는 예쁜 정원이 있다.
② 게스트 하우스의 모든 방은 정원 전망이다.
③ 남자는 게스트 하우스에서 2박할 예정이다.
④ 남자는 바닥에서 잘 필요가 없다.
⑤ 식당은 부엌 옆에 있다.
▶ ④ 게스트 하우스의 모든 방에는 침대가 없어 바닥에서 자야 한다고 하였다.

09 A: 어, 그림 속 이 독특한 집 좀 봐. 거꾸로 되어 있어.
B: 오, 그거 재미있다. 하지만 나는 좀 이상한 것 같아.
A: 너는 어떤 종류의 집에 살고 싶니?
B: 나는 음악을 좋아해. 그래서 나는 피아노 모양의 집에 살고 싶어.
① 너는 어디에 사니?
② 네가 가장 좋아하는 음악은 무엇이니?
③ 그 집은 어떻게 생겼니?
⑤ 너는 어떤 종류의 음악을 듣고 싶니?
▶ 빈칸 뒤에 살고 싶은 집의 모양과 그 이유에 대한 대답이 이어지고 있으므로, 빈칸에는 살고 싶은 집의 종류를 묻는 질문이 알맞다.

【Words】 upside down 거꾸로　 kind of 약간, 어느 정도 strange 이상한

10 A: 실례합니다만, 여성용 모자는 어디서 찾을 수 있나요?
B: 1층 승강기 옆에 있어요.
▶ 여성용 모자를 파는 곳의 위치는 1층 승강기 옆이다.
【Words】 on the first floor 1층에　 next to ~ 옆에

11 나는 재미있는 이야기를 좋아한다.
① 시 ② 사람들 ④ 친구 ⑤ 선생님들
▶ 관계대명사 which가 쓰였으므로 선행사는 사물이어야 하고, 관계대명사절의 동사가 복수형(are)이므로 선행사는 복수 명사이어야 한다.

12 나는 이태리 식당을 방문했다. 그것은 지난주에 문을 열었다.
→ 나는 지난주에 문을 연 이태리 식당을 방문했다.
▶ 앞 문장과 뒤 문장의 공통적인 부분은 an Italian restaurant과 it으로, 선행사가 사물이므로 it을 주격 관계대명사 which나 that으로 바꾸어 문장을 연결한다.

13 ▶ each 다음에는 단수명사와 단수동사가 뒤따른다.

14 우리가 먹는 동안에 전화가 세 번 울렸다. 하지만 우리는 먹고 있는 중이어서 전화를 받지 않았다.
▶ '우리가 먹는 동안'의 의미가 되어야 자연스럽다. 빈칸 뒤에 「주어＋동사」가 이어지므로 접속사 while〔when〕이 알맞다.

15 ▶ 과거부터 현재까지 계속 비가 내리고 있는 것이므로 현재완료 「have〔has〕＋과거분사」로 나타낸다. 그림에 따르면 수요일부터 현재 시점인 일요일까지 비가 오고 있으므로 for five days(5일 동안)나 since Wednesday(수요일 이후로)를 쓴다.

16 내 이름은 호진이고 나는 만화 소설 쓰는 것을 좋아한다. 나는 지난주에 학교에서 집으로 걸어가는 중에 스쿠터에 탄 한 여자를 봤다. 그녀는 정말 멋져 보였고 그녀의 스쿠터는 정말 독특했다. "집에 가는 거니, 호진아?" 갑자기 그녀가 나에게 말했다. "네, 그런데 저를 아시나요?" 나는 물었다. "당연하지," 그녀는 대답했다. "나는 매일 학교 식당에서 너를 본단다." 놀랍게도, 그녀는 학교 식당 직원들 중 한 분이었다. '굉장하다! 학교 밖에서는 똑같아 보이시네.'라고 나는 생각했다. '그녀에 대한 만화 소설을 써야겠다.'
【Words】 graphic novel 만화 소설　 while ~하는 동안　 unique 독특한　 cafeteria 구내식당　 surprisingly 놀랍게도　 amazing 놀라운, 굉장한
▶ 스쿠터에 탄 여자가 누구인지 처음에는 못 알아본 상황이므로 ④는 그녀가 학교에서와는 매우 달라 보인다는 내용이 되어야 자연스럽다. 따라서 just the same(똑같은)은 so different(매우 다른) 정도로 고치는 것이 자연스럽다.

17~18

집에 도착한 후에, 나는 《런치 레이디 탄생하다》라는 만화 소설을 쓰기 시작했다. 이 소설에서, 런치 레이디는 슈퍼히어로다. 그녀는 날 수 있는 슈퍼 스쿠터를 탄다. 그녀는 전 세계의 위험에 빠진 사람들을 구한다. 또한, 그녀는 1초에 100개의 쿠키를 만들고 그것들을 배고픈 어린이들에게 나눠 준다. 며칠이 지나, 나는 내 만화 소설을 친구들에게 보여 주었다. "굉장해! 나는 이 슈퍼히어로가 마음에 들어. 그녀는 정말 멋져."라고 내 모든 친구들이 말했다. "그게 있지? 나는 우리 학교 식당 직원 중 한 분인 이 조리사님을 본떠서 그녀를 만든 거야."라고 나는 친구들에게 말했다.

【Words】 superhero 슈퍼히어로 super 아주 좋은 danger 위험, 위기 per ~당, 매 ~ a few 어느 정도, 조금, 약간 awesome 굉장한, 멋진 model ... on ~을 본떠서 …을 만들다

17 ▶ (A) 선행사가 a super scooter로 사물이므로 주격 관계대명사로 which가 알맞다. (B) give away와 같이 「동사+부사」로 이루어진 이어동사는 목적어가 대명사이면 동사와 부사 사이에 위치한다. (C) model ... on ~ ~을 본떠서 …을 만들다

18 ▶ ④ 1분이 아닌 1초에 100개의 쿠키를 만든다고 하였다.

19 나는 내 책을 이 조리사님께 보여 드렸다. 그녀도 그것을 좋아했다. 그녀는 내게 특별한 재능을 가진 그녀의 동료들에 대해서도 말했다. (B) 또 다른 학교 식당 직원인 박 조리사님은 춤 경연 대회에서 우승했다. 우리 학교 관리인인 김 선생님은 한때 모험심 있는 공원 경비원이었다. (C) "저는 그분들에 관한 슈퍼히어로 이야기를 쓰고 싶어요. 그분들이 그것을 좋아할까요?" 나는 이 조리사님께 물었다. (A) "당연히 좋아할 거야."라고 그녀는 쾌활하게 말했다. "가서 우리의 새로운 슈퍼히어로 친구들에게 인사를 하자."

【Words】 coworker 동료, 함께 일하는 사람 talent 재능 janitor 경비원, 관리인 once 한때 park ranger 공원 경비원 cheerfully 쾌활하게, 기분 좋게 say hello to 인사하다, 안부를 전하다

▶ Ms. Lee의 동료들(her coworkers)이 처음 언급되는 글 뒤에는 동료들 Ms. Park과 Mr. Kim에 대해 구체적으로 소개하는 (B), 그들이 그들을 소재로 하는 슈퍼히어로 이야기를 쓰면 좋아할지 여부를 묻는 질문 (C)에 이어, 당연히 좋아할 것이라는 대답 (A)가 이어지는 것이 알맞다.

20 Julia Child는 30대에 자신의 진정한 재능을 찾은 사람이다. 36세에 그녀는 남편과 함께 파리로 갔다. 그녀는 거기서 유명한 요리 학교에 다녔다. 그녀는 공부하는 동안에 요리책을 쓰기로 결심했다. 그 책은 큰 성공을 거뒀다.
① 그녀의 진정한 재능은 무엇이었는가?
② 그녀는 언제 파리로 이주했는가?
③ 그녀는 누구와 함께 파리로 이주했는가?

⑤ 그녀는 어떤 종류의 책을 썼는가?

▶ ④ Julia가 요리를 공부한 기간은 본문에 언급되어 있지 않다.

【Words】 attend ~에 다니다 decide 결심하다 hit 인기 작품, 히트

21 지붕은 집의 필수적인 부분이지만, 오래전 어떤 사람들은 단지 지붕을 쉽게 부수기 위해 지었다. 수백 년 전 남부 이탈리아에서는, 지붕이 없는 집을 가진 사람들이 더 적은 세금을 냈다. 집에 부과되는 높은 세금을 피하기 위해서, 어떤 사람들은 돌을 쌓아 올려 원뿔 모양의 지붕을 지었다. 세금 징수원이 마을에 오면, 사람들은 재빨리 지붕을 무너뜨렸다. 세금 징수원이 떠나면, 그들은 다시 돌을 쌓아 올렸다.

▶ ② 이후에 지붕이 있는 집에 세금을 부과하자(원인) - 사람들은 돌을 쌓아 올려 원뿔 모양의 집을 지은 후, 세금 징수원이 마을에 오면 지붕을 무너뜨리고, 그들이 떠나면 다시 돌을 쌓아올린다는(결과) 흐름이 자연스럽다. '원인'에 해당하는 주어진 문장이 ②에 들어가는 것이 알맞다.

【Words】 century 100년, 세기 southern 남쪽의, 남부의 tax 세금 cone 원뿔 essential 필수의 take down 헐어 버리다 avoid 피하다 pile up 쌓아 올리다 collector 징수원

22~23

집의 지붕 위에 있는 염소를 본 적 있는가? 노르웨이에서 우리는 지붕 위에 있는 동물들을 볼 수 있다. 노르웨이에는 큰 숲들이 있다. 자연과 조화를 이루면서 사람들은 오랜 시간 동안 나무로 된 집을 지어 왔다. 튼튼하고 따뜻한 집을 짓기 위해 그들은 지붕을 잔디로 덮었다. 잔디 지붕은 그들을 길고 추운 겨울과 강한 바람으로부터 보호한다. 때때로 나무나 식물들이 잔디 지붕에서 자라나고, 몇몇 동물들은 그곳에서 식사를 즐긴다.

【Words】 roof 지붕 wooden 나무로 된 cover 덮다 protect 보호하다

22 ▶▶ ④ 노르웨이 사람들이 어떤 나무로 집을 만드는지 본문에 나와 있지 않다.
① 큰 숲이 있음 ② 나무로 된 집 ③ 튼튼하고 따뜻한 집 ⑤ 길고 추운 겨울과 강한 바람으로부터 보호함

23 ▶ cover A with B A를 B로 덮다

24~25

중국 남부 일부 지역의 하늘에서 보면, 큰 도넛처럼 생긴 둥근 지붕을 볼 수 있다. 이것은 하카족의 크고 둥근 집의 지붕이다. 그들은 적들로부터 자신을 보호하기 위해 약 천 년간 이와 같은 집에 살아 왔다. 그 집들은 1층에 창문이 없이 오직 하나의 출입문만 있다. 각각의 집은 전체 마을이 들어갈 만큼 충분히 크다. 집은 대개 4개의 층이 있다. 그것은 1층에는 부엌이, 2층에는 창고가, 3층과 4층에는 거실과 침실이 있다.

24 ▶ each는 뒤에 단수명사가 나온다. 따라서 주어가 단수이므로 동사도 단수동사인 is로 써야 한다. → Each house is

25 Q. 하카족은 왜 크고 둥근 집에서 살아 왔는가?

– 적들로부터 자신을 보호하기 위해서.

▶ 하카족은 적들로부터 자신들을 보호하기 위해 크고 둥근 집에서 살아 왔다고 하였다.

1학기 기말고사 [Lesson 3~4]

pp. 83~87

> **01** ⑤ **02** ⑴ off ⑵ on ⑶ in **03** ④ **04** ⑴ how is the weather today ⑵ It is not going to rain today **05** ③ **06** gone **07** ④ **08** can you do me a favor 또는 can I ask you a favor **09** ⑤ **10** ⓐ being ⓑ supporting ⓒ trying **11** ② **12** is not easy to understand other people **13** ② **14** so, that **15** ③, ⑤ **16** ⑤ **17** ④ **18** ⑤ **19** ④ **20** ⑤ **21** ② **22** ⑤ **23** make comfortable socks for his elderly grandfather **24** ③ **25** safety

01 〈보기〉 전통 : 전통적인

① 소유하다 : 소유자, 주인

② 저장하다 : 저장, 저장고

③ 겁주다 : 무서운

④ 사실의 : 사실상

⑤ 신비 : 신비한

▶ 〈보기〉의 짝지어진 단어는 '명사 : 형용사' 관계이므로 정답은 ⑤이다.

02 ⑴ 나한테 말하지 않고 돌아다니지 마.

⑵ 내가 가게 가는 동안 아기 좀 지켜봐 줄래?

⑶ 내가 이 사업에서 성공하려면 무엇이 필요할까?

▶ ⑴ wander off 돌아다니다, 헤매다 ⑵ keep an eye on ~을 계속 지켜보다 ⑶ succeed in ~에 성공하다

03 (C) 너는 한국에 어떤 특별한 장소에 가 본 적이 있니?

(B) 응. 나는 지난 여름에 가족과 함께 울릉도에 갔었어.

(A) 거기 날씨는 어땠니?

(D) 주로 화창했었지만, 날씨가 자주 바뀌었어.

▶ 한국에 특별한 장소를 방문한 적이 있냐고 묻자(C) 울릉도에 가 본 적이 있다고 답하고(B) 구체적으로 울릉도의 날씨가 어땠는지를 묻고 답하는 (A)－(D) 대화의 흐름이 자연스럽다.

04 A: 엄마, ⑴오늘 날씨가 어때요? 우산이 필요한가요?

B: 밖이 꽤 흐리구나. 내가 일기예보를 확인해 볼게.

A: 고마워요, 엄마.

B: ⑵오늘은 비가 오지 않을 거야.

A: 잘됐네요! 그렇다면, 전 오늘 우산이 필요하지 않겠어요.

【Words】 quite 꽤, 상당히 outside 바깥에, 외부에 weather forecast 일기예보

▶ 첫 번째 빈칸에는 오늘 날씨를 묻는 표현이 알맞다. 두 번째 빈칸은 '비가 오지 않을 것이다'라는 예상의 말이 알맞다. 날씨를 나타내는 비인칭주어 it 뒤에 '~하지 않을 것이다'를 「be not going to＋동사원형」으로 쓴다.

05 좋은 아침입니다. 일기예보를 알려 드리겠습니다. 밝은 화창합니다. 하지만 오후에는 비가 예상됩니다. 우산 없이 집을 떠나지 마십시오. 오늘의 일기예보였습니다. 좋은 하루 보내십시오!

▶ 주어진 문장의 But으로 보아 앞의 내용과는 상반되는 내용이 이어짐을 알 수 있다. 따라서 현재 날씨는 맑지만, 오후에는 비가 예상된다고 하는 것이 흐름이 자연스러우므로 주어진 문장이 위치는 ③이 알맞다.

06 ~ 07

A: Bill, 너는 번지점프하러 가 본 적 있니?

B: 아니. 넌 어때, Katie?

A: 나는 뉴질랜드에 갔을 때 한 번 번지점프를 해 봤어.

B: 무섭진 않았어?

A: 아니, 재미있었어. 난 그것을 다시 하고 싶어.

【Words】 bungee jump 번지점프를 하다   scary 무서운, 겁나는

06 ▶ 「Have you ever+과거분사 ~?」로 경험을 묻는 말을 쓴다. 따라서 go는 과거분사형인 gone으로 써야 한다.

07 ① Bill은 번지점프를 전에 시도해 본 적이 없다.

② Katie는 번지점프를 전에 시도해 본 적이 있다.

③ Katie는 전에 뉴질랜드에 가 본 적이 있다.

④ Katie는 번지점프가 무섭다고 느꼈다.

⑤ Katie는 번지점프를 다시 하고 싶어 한다.

▶ ④ 번지점프가 무섭지 않았냐는 Bill의 질문에 Katie는 그렇지 않고, 좋았었다고 대답했다.

08 A: Mark, 부탁 하나를 들어줄 수 있니?

B: 물론이지. 부탁이 뭔데?

A: 나의 가족은 일주일 동안 휴가를 가려고 해. 우리 집에 와서 화초에 물을 줄 수 있니?

B: 그래, 해 줄 수 있어.

【Words】 favor 부탁, 호의   water 물을 주다   go on (a) vacation 휴가를 가다   plant 식물

▶ 이어지는 대화에서 화초에 물을 줄 것을 부탁하는 것으로 보아, 빈칸에는 상대방에게 도움을 요청하는 표현이 알맞다.

09 A: Kevin, 부탁 하나를 들어줄 수 있니?

B: 좋아. 부탁이 뭔데?

A: 오늘 오후에 내가 과학 과제하는 것을 도와줄 수 있니?

B: 미안해, 하지만 도울 수 없어. 나는 엄마와 함께 할머니 댁을 방문해야 해.

① 별말씀을. (감사 표현에 대한 응답)

② 신경 쓰지 마.

③ 괜찮아.

④ 물론이지.

⑤ 미안하지만, 그럴 수 없어.

【Words】 project 과제, 계획

▶ 빈칸 뒤에 할머니 댁을 방문해야 한다고 하였으므로 빈칸에는 도와달라는 요청에 대해 거절하는 표현이 알맞다.

10 ~ 11

안녕하세요, 엄마! 안녕하세요, 아빠! 아시다시피, 오늘이 제 15번째 생일이에요. 저는 제 부모님이 되어 주셔서 감사하다고 표현할 기회가 없었어요. 부모님은 정말 제 친구이자 선생님이 되어 주셨어요. 저를 지지해 주시고 저를 항상 이해해 주시려고 노력해 주셔서 감사해요. 부모님의 딸이어서 저는 정말로 자랑스러워요.

【Words】 chance 기회   parent 부모   truly 정말로   support 지지하다, 뒷받침하다   try to ~하도록 노력하다   proud 자랑스러운

10 ▶ 「Thank you for+(동)명사」는 '~해 주셔서 감사합니다.'라는 뜻이다. for가 전치사이므로 전치사의 목적어인 ⓐ, ⓑ, ⓒ 모두 동명사(-ing)의 형태가 되어야 한다.

11 ① 슬픈 ② 자랑스러운 ③ 걱정하는 ④ 초조한, 긴장한 ⑤ 놀란

▶ 빈칸 앞에 부모님께 감사하다는 내용으로 보아 빈칸에는 '자랑스러운'을 뜻하는 proud가 알맞다.

12 다른 사람들을 이해하는 것은 어렵다.

▶ to부정사가 주어로 쓰이는 경우 가주어 it으로 문장을 시작하고 to부정사를 문장 뒤에 위치시킨다.

13 ⓐ 냉장고 안에는 먹을 것이 없다.

ⓑ 그녀의 꿈은 세계를 여행하는 것이다.

ⓒ 나는 내게 수학을 가르쳐 줄 누군가가 필요하다.

ⓓ 나는 과일을 좀 사기 위해 시장에 갔다.

▶ ⓐ, ⓒ는 to부정사의 형용사적 용법이다. ⓑ는 to부정사의 명사적 용법(보어), ⓓ는 부사적 용법(목적)으로 쓰였다.

14 그는 어제 매우 아팠다. 그 결과 그는 학교에 갈 수 없었다.

→ 그는 어제 너무 아파서 학교에 갈 수 없었다.

▶ 「so ~ that ...」 구문은 「so+형용사/부사+that+주어+동사」의 어순으로 that 앞의 내용은 이유를, that절의 내용은 결과를 나타낸다.

15 ① Judy는 그가 사랑에 빠진 소녀이다.

② 내가 가장 좋아하는 꽃은 튤립이다.

③ 수의사는 동물을 치료하는 의사이다.

④ 그는 그가 파티에서 본 소녀를 만났다.

⑤ 그녀는 그녀의 아빠가 주신 인형을 좋아한다.

▶ ③은 선행사가 a doctor로 사람이므로 목적어 관계대명사는 which가 아니라 who(m) 또는 that을 써야 한다. ⑤는 목적격 관계대명사 that이 관계대명사절에서 목적어를 대신하고 있으므로 gave의 목적어 it을 써서는 안 된다.

16 ~ 17

안녕, 나는 Lucy Hunter이고, 런던에 살고 있어.

(C) 지난주, 우리 가족은 3일 동안 휴가를 갔어.

(B) 여행 중에, 나는 내 일기에 간단한 그림을 그렸어.

(A) 그것은 모든 특별한 순간을 포착할 수 있는 아주 좋은 방법이었어.

8월 5일

드디어, 우리는 지구상에서 가장 불가사의한 장소들 중 하나인 스톤헨지에 발을 들여놨어. 우리는 런던에 있는 우리 집에서 차로 두 시간을 달린 후에, 마침내 스톤헨지에 도착했어. 원형으로 둘러서 있는 거대한 돌들을 보는 것은 그저 놀라웠어. 어떻게 그 거대한 돌들이 수천 년 전에 그곳에 도달했을까? 그것들은 무엇을 위한 것이었을까? 나는 스톤헨지가 오랫동안 불가사의로 남아 있을 거라고 생각해.

【Words】 simple 단순한, 간단한   journal 일기   capture 포착하다, 담아내다   at last 마침내, 드디어   set foot 들어서다, 발을 들여놓다   mysterious 신비한   thousands of 수천의   remain 여전히 ~이다, 남아 있다   mystery 수수께끼, 미스터리

16 ▶ (B)는 during our trip으로 보아 바로 앞에 가족과 함께 여행을 했다는 내용이 서술되어 있는 (C)가 나와야 한다. (A)의 that은 바로 앞 문장 (B)에서의 '일기에 간단한 그림을 그리는 것'을 지칭하므로, 글의 순서는 (C) – (B) – (A)가 알맞다.

17 ▶ ④ 본문의 스톤헨지에 관한 질문 What were they for?에서 글쓴이는 거대한 돌들이 무엇을 위한 것이었는지를 궁금해했다. ① 스톤헨지는 지구상에서 가장 불가사의한 장소 중 하나라고 하였다. ② 런던에서 스톤헨지까지는 한 시간이 아닌 두 시간이 걸렸다. ③ 스톤헨지는 별 모양이 아닌 원형으로 둘러서 있는 거대한 돌들이다. ⑤ 글쓴이는 스톤헨지는 오랫동안 미스터리로 남아 있을 것이라고 생각한다.

18 ~ 19

8월 6일

아침에, 우리는 코츠월드 주변을 걸어 다녔어. 오후에 비가 오기 시작해서, 우리는 B&B 안에서 머물기로 했어. B&B는 영국에서 머물기에 인기 있는 곳이야. 호텔보다는 더 집처럼 느껴져. 주인은 오늘 오후 다과회에 우리를 초대했어. 식탁에는 과자, 케이크, 빵, 그리고 치즈가 가득했어. 내가 먹느라 바쁜 동안, 엄마는 예쁜 컵과 접시에 감탄하고 있었어. 나는 너무 많이 먹어서 저녁 식사 때는 아무것도 먹을 수가 없었어.

【Words】 indoors 실내에서, 실내로   B&B (Bed-and-Breakfast) 아침 식사를 제공하는 숙박 시설   owner 주인, 소유자   admire 존경하다, 감탄하며 바라보다   plate 접시, 그릇

18 ▶ (A) decide는 to부정사를 목적어로 취한다. (B)는 to부정사의 형용사적 용법이 쓰여서 '머무는'을 뜻하는 to

stay가 앞의 명사구(a popular place)를 수식하는 구조가 되어야 한다. (C) than으로 보아 비교급 문장이므로 비교급 more가 알맞다.

19 ① 글쓴이는 아침에 무엇을 했는가?

② 오후에는 날씨가 어땠는가?

③ B&B는 무엇인가?

④ 글쓴이는 B&B에 얼마나 오랫동안 머물렀는가?

⑤ 오후 다과회에서는 무엇이 제공되었는가?

▶ ④ 글쓴이가 B&B에 얼마나 오랫동안 머물렀는지는 본문에 나타나 있지 않다.

20 1835년 9월 15일

우리는 마침내 이 섬에 도착했다. 이곳에는 연구해야 할 동물들이 많다. 오늘 나는 이상한 거북이들을 보았다. 그것들을 관찰하는 것은 놀라웠다.

① 희곡 ② 시 ③ 조리법 ④ 책 보고서 ⑤ 여행 일기

▶ 날짜와 여행에서 관찰하고 느낀 것이 서술되어 있는 것으로 보아 이 글은 여행 일기(travel journal)에 해당함을 알 수 있다.

21 Kenneth Shinozuka는 3대에 걸친 행복한 대가족에서 자랐다. 그는 어렸을 때부터 언제나 할아버지와 매우 가깝게 지냈다. 그는 Kenneth의 첫 친구이자, 그의 믿음직한 운전사였고, 그의 요리사였다. 그는 또한 그에게 여러 인생의 교훈을 가르쳐 주었다. 그는 Kenneth가 세상에서 가장 존경한 사람이었다.

① 그는 Kenneth와 함께 살았다.

② Kenneth는 그를 위해 요리를 하였다.

③ 그는 Kenneth의 첫번째 친구였다.

④ Kenneth는 그를 많이 존경했다.

⑤ Kenneth는 그로부터 인생의 교훈을 배웠다.

▶ ② 할아버지가 Kenneth의 요리사라고 하였다.

22 Kenneth가 네 살이었을 때, 그의 할아버지는 어느 날 산책을 나갔다가 길을 잃었다. 그는 알츠하이머병을 앓고 있었다. Kenneth의 가족은 모두 충격을 받았다. 그의 상태는 그 후 10년간 더 나빠졌다. 그가 밤에 너무 자주 돌아다녀서 누군가는 그를 밤새 지켜보아야 했다. 어느 날 밤, Kenneth의 할아버지가 침대에서 나왔고, Kenneth는 그것을 보았다. 그 순간, 그는 "그의 양말 뒤꿈치에 압력 감지기를 붙이는 건 어떨까?"라고 혼잣말을 했다.

【Words】 go out for a walk 산책하러 나가다   disease 병, 질병   condition 상태, 조건, 상황   wander off 돌아다니다, 헤매다   keep an eye on ~을 계속 지켜보다   pressure 압력   sensor 감지기, 센서   heel 뒤꿈치

▶ go out for a walk 산책하러 나가다 / in shock 충격에 빠진 / wander off 돌아다니다, 헤매다 / keep an eye on ~을 계속 지켜보다

23 Kenneth가 해야 할 일이 많았다. 그는 우선 압력 감지기를 만들어야 했고, 그의 스마트폰으로 신호를 보내는 방법을 찾아야 했다. Kenneth는 또한 나이 드신 그의 할아버지를 위한 편안한 양말을 만들기 위해 다양한 재료들을 시도해 보았다.

Q : Kenneth는 왜 다양한 재료를 시도하였는가?

A : 그는 나이 드신 그의 할아버지를 위한 편안한 양말을 만들고 싶었다.

【Words】 create 만들다, 창조하다　signal 신호, 통신　material 재료, 소재　comfortable 편안한

▶ 마지막 문장에서 Kenneth는 나이 드신 그의 할아버지를 위한 편안한 양말을 만들기 위해 다양한 재료들을 시도해 보았다고 하였다.

24 ~ 25

그는 포기하고 싶었을 때, 그의 할아버지의 안전에 대해 생각했다. 수많은 시행착오 끝에, 그는 마침내 그의 장치를 만드는 데 성공했다. 그것이 처음 작동했을 때, 그는 몹시 행복해서 팔짝팔짝 뛰었다. 그는 자신의 발명품이 실제로 작동했다는 것을 믿을 수 없었다. 그의 할아버지에게, Kenneth는 세계 최고의 발명가이다. Kenneth에게, 그의 할아버지는 여전히 가장 친한 친구이다.

【Words】 feel like -ing ~하고 싶다　give up 포기하다　trial and error 시행착오　succeed 성공하다　device 장치, 기기

24 ▶ ③ in은 전치사로 동명사를 목적어로 취한다. make → making

25 ▶ '위험이나 위해로부터 안전한 상태'는 safety(안전)에 관한 영영풀이이다.

부록 | 듣기 평가

듣기 평가 1회

01 ③	02 ①	03 ②	04 ④	05 ②	06 ①	07 ①
08 ⑤	09 ②	10 ②	11 ①	12 ④	13 ④	14 ③
15 ③	16 ⑤	17 ②	18 ④	19 ④	20 ①	

01 M : 안녕하세요. 지금 한국의 날씨를 알려 드리겠습니다. 오늘은 북서쪽에서 불어오는 약한 바람과 함께 맑은 날이 되겠습니다. 달을 볼 수 있는 맑은 밤이 될 것입니다. 기상청에 따르면 내일은 구름 낀 하늘과 쾌적한 온도가 예상됩니다.

▶ 마지막 부분에서 내일의 날씨를 예보하고 있으며 cloudy skies를 통해 구름 낀 날씨임을 알 수 있다.

【Words】 light 가벼운(↔ heavy)　northwest 북서　weather station 기상대　pleasant 상쾌한　temperature 온도

02 W : 주문하시겠어요?

M : 네, 피자 한 개랑 콜라 두 잔 주세요.

W : 다른 것은요? 샐러드 어떠세요?

M : 아니요, 됐습니다.

▶ 남자의 대답인 I'd like a pizza and ... two Cokes. 로 보아 피자 한 개와 콜라 두 잔을 주문했고 샐러드를 권유받았지만 거절했다.

【Words】 order 주문하다

03 W : Tom, 이번 일요일에 시간 있니?

M : 네, 엄마.

W : 내게 두 장의 티켓이 있어. 뭔지 맞혀 볼래?

M : 엄마는 음악을 좋아하시니까. 또 콘서트 티켓이에요?

W : 이번엔 아니란다. 놀이공원 티켓이야.

M : 정말요? 저는 롤러코스터 타는 것을 좋아해요. 엄마는 세상에서 제일 좋은 엄마예요!

▶ 엄마가 놀이공원 티켓을 보여 주는 상황으로, Tom의 마지막 말 You are the best mom in the world!에서 Tom의 기쁜(pleased) 심정을 엿볼 수 있다.

【Words】 Guess what? 맞혀 봐!　amusement park 놀이공원

04 W : Brian, 음악 소리가 너무 크구나.

M : 죄송해요. 몰랐어요.

W : 네 누나가 기말 시험 공부를 아주 열심히 하고 있어. 아빠께서 네 생일 선물로 사주신 이어폰을 착용하는 게 어떻겠니?

M : 알겠어요, 엄마.

▶ 음악을 듣고 있는 아들에게 엄마가 Why don't you wear the earphones your dad bought you for your birthday?라고 말하며 이어폰을 착용할 것을 제안하자 동의하고 있는 상황이다.

【Words】 notice 알아차리다   final exam 기말 시험

05 M: 차들이 꼬리에 꼬리를 물고 늘어서 있구나. 전혀 움직이질 않아.

W: 제시간에 회의 장소에 도착 못 할 것 같아. 차에서 내려 걸어가는 것이 낫겠어.

M: 나도 그렇게 생각해. 그곳은 여기서 멀지 않아. 빨리 걸으면, 10분 후에 도착할 수 있을 거야.

W: 좋아. 잘 가. 태워 줘서 고마웠어.

▶ I'd better get out of the car와 Thanks for giving me a ride.로 보아 차를 타고 있다가 내리려고 한다는 것을 알 수 있다.

【Words】 bumper to bumper (자동차가) 꼬리를 문   not ~ at all 전혀 ~ 아니다   on time 제시간에, 정각에

06 W: Jack, 너는 아직도 컴퓨터 게임을 하고 있니? 숙제할 시간이야.

M: 오, 엄마. 나는 컴퓨터를 더 쓰고 싶어요.

W: 안 된다.

M: 엄마, 엄마는 Tony한테는 원하는 만큼 컴퓨터를 쓰게 해주시잖아요. 하지만 왜 나는 안 되죠? 공평하지 않아요.

▶ It's not fair.는 불평할 때 쓰는 표현이다.

【Words】 let+목적어+동사원형: ~가 …하도록 허락하다   fair 공평한

07 W: 네 여동생 생일을 거의 잊을 뻔했구나.

M: 저는 기억하고 있어요, 엄마. 이번 금요일이잖아요.

W: 그 애를 위한 선물을 좀 사러 나가고 싶구나. 같이 갈래?

M: 중간고사 준비를 해야 하지만, 같이 가겠어요.

▶ 여자의 말 Will you go with me?와 남자의 말 I'd rather go with you에서 두 사람이 쇼핑 갈 것임을 알 수 있다

【Words】 almost 거의   prepare 준비하다   mid-term 중간고사

08 [전화벨이 울린다.]

M: 여보세요?

W: 여보세요? 전 Sarah예요. Jun 있나요?

M: 아니요, 없어요. Jun은 쇼핑몰에 갔어요.

W: 그가 언제 돌아오죠?

M: 3시경에 돌아올 거예요.

W: 3시요? 메시지를 남겨도 될까요?

M: 물론이죠.

W: 제가 도서관에서 4시에 만나고 싶어 한다고 전해 주세요. 그가 제 과학 공책을 가지고 있거든요. 내일 시험 때문에 전 그 공책이 필요해요.

M: 알겠어요. 문제없어요.

▶ He has my science notebook.을 통해 Jun이 가지고

있는 것은 여자의 과학 공책임을 알 수 있으므로 ⑤가 잘못된 메모이다.

09 W: Robert, 무슨 일이 있었니?

M: 지난 토요일에 차에 치었어.

W: 너 무단 횡단했니?

M: 아니, 차가 빨간 신호에서 질주해서 횡단보도에서 나를 치었어.

W: 저런, 정말 안됐구나. 얼마 동안 병원에 있어야 해?

M: 3주 정도.

▶ 무단횡단을 했냐는 여자의 질문에 남자가 아니라고 답한다.

【Words】 jaywalk 무단 횡단하다   crosswalk 횡단보도

10 M: 성함을 말씀해 주시겠습니까?

W: Eireen Woo입니다.

M: 전에 병원에서 일해 보신 적 있나요?

W: 아니요, 하지만 전 아주 빨리 배울 수 있다고 확신해요.

M: 좋아요. 내일 아침부터 시작할 수 있나요?

W: 물론이죠. 9시까지 이곳으로 오겠습니다.

M: 좋아요. 내일 봐요.

▶ 전에 병원에서 일해 본 적이 있는지, 내일부터 일을 시작할 수 있는지 묻는 것으로 보아 병원에 취직하기 위한 면접 상황임을 알 수 있다.

11 W: 아빠, 60달러만 주시겠어요?

M: 어린 소녀에게는 많은 돈이구나.

W: 저는 작가가 되고 싶어서 작문 수업을 받기를 원해요.

M: 작년에는 가수가 되고 싶어 했잖니. 그 전에는 무용수가 되고 싶어 했고.

W: 아빠, 선생님도 말씀하시는 것을 잊어버리셨네요. 하지만 이번에는 달라요. 저는 정말 훌륭한 작가가 될 수 있다고 믿어요.

▶ 여자가 과거에 되고 싶어 했던 것은 가수(a singer), 무용수(a dancer), 선생님(a teacher)이며, 현재는 작가(a writer)가 되고 싶어 한다.

12 [전화벨이 울린다.]

M: 안녕, Carrie. 나 Brad야.

W: 안녕, Brad. 무슨 일이야?

M: 너 Vic의 전화번호를 알고 있니?

W: 응, 345-5566이야. 그런데, 너 숙제 다 했어?

M: 응, 끝냈어. 몇 시간이나 걸렸어.

▶ Do you know Vic's telephone number?에서 Vic의 전화번호를 묻기 위해 전화를 했음을 알 수 있다.

【Words】 What's up? 무슨 일이야?   several 얼마간의, 몇몇의

13 W: Tom, 너 아버지 오실 때까지 안 나갈 거지? 아빠는 열쇠가 없으셔.

M: 몇 시에 집에 오시는데요?

W: 7시 15분 쯤. 왜?

M: 안 돼요. Kate를 7시 50분에 만나기로 했어요.

W: 아빠가 오시자마자 출발해야 할 것 같구나.

▶ fifteen과 fifty의 차이에 유의하며 듣는다.

【Words】 till ~까지   key 열쇠   as soon as ~하자마자

14 W: 사고는 언제 일어났지요?

M: 이틀 전에 롤러블레이드를 타다가요. 처음에는 심각하지 않다고 생각했지요.

W: 그래, 지금은 어떤가요?

M: 심해요. 걸을 때 오른쪽 발목이 너무 아파요.

W: 음, 우선 한번 보도록 합시다.

▶ 다친 발목을 살펴보자고 하므로 여자가 의사라는 것을 알 수 있다.

【Words】 accident 사고   while ~하는 동안에   at first 처음에는   serious 심각한   ankle 발목   take a look 한번 보다

15 M: 지나야. 어디 가니?

W: 당연히 학교 가지요.

M: 그런데, 가방은 어디에 있니?

W: 걱정 마세요, 아빠. 필요한 것은 모두 학교 사물함에 있어요.

M: 그러면 매일 가방도 없이 등교한다는 말이니?

W: 아빠, 제가 매일 그 무거운 가방을 메고 다니면 저는 제대로 크지 못할 거라구요.

▶ 여자의 마지막 말은 자랄 수 있는 키만큼 못 자랄 것을 우려한 내용이다.

【Words】 locker 사물함   without ~ 없이   carry 가지고 다니다   grow 자라다

16 ① W: 주문하시겠어요? M: 네, 토마토 스파게티로 할게요.

② W: 저녁 식사로 뭘 드시고 싶으세요? M: 피자를 먹고 싶어요.

③ W: 마음껏 드세요. M: 감사합니다. 정말 맛있어 보이네요.

④ W: 스테이크는 어떻게 해 드릴까요? M: 바짝 익혀 주세요.

⑤ W: 좀 더 드시겠어요? M: 아니요, 됐어요. 정말 배가 불러요.

▶ 여자가 음식을 더 가져오자 남자가 거절하는 상황이므로, 좀 더 드시겠냐고 묻자 배가 부르다면서 됐다고 말하는 ⑤가 어울린다.

【Words】 order 주문   try 먹어 보다, 마셔 보다   help oneself 자유로이 먹다   well-done (고기가) 잘 구워진

17 W: 내 부탁 좀 들어 줄래?

M: 물론이지, 뭔데?

W: 내가 지금 당장 이 편지를 보내야 하거든. 그런데 또 다른 우편물을 받기 위해 여기 있어야 해.

M: 그래서 나더러 우체국에 가 달라고?

W: 그래.

M: 좋아. 그렇게 할게.

▶ 우편물을 받아 달라는 것이 아니라 편지를 부쳐 달라고 부탁하고 있다.

【Words】 favor 부탁, 호의   receive 받다   mail 우편물   post office 우체국

18 W: 안녕, Eric. 너 여기에서 무엇을 읽고 있니?

M: 로맨스 소설을 읽고 있어. 이거 읽어 볼래?

W: 아니, 나는 조선 시대 같은 옛날에 사람들이 어떻게 살았나 상상하는 것이 좋아.

M: 오, 너는 역사에 관한 소설을 좋아한다는 뜻이구나.

W: 그래, 맞아.

▶ 여자는 옛날 사람들의 생활을 궁금해하므로, 역사 소설을 좋아한다는 것을 알 수 있다

【Words】 imagine 상상하다   past 과거   dynasty 왕조   novel 소설

19 W: 주말에는 주로 뭐 하니?

M: 도서관에서 책을 읽거나 친구들이랑 영화 보러 가.

W: 너희 집 근처에 좋은 도서관이 있니?

M: 응, 재미있는 책이 많은 좋은 도서관이 하나 있어.

W: 거기에 얼마나 자주 가니?

M: 일주일에 한 번.

▶ 여자가 얼마나 자주 가는지 빈도를 묻고 있으므로 횟수를 표현하는 대답이 알맞다.

① 3시에.   ② 버스로.   ③ 영화에 대해.   ⑤ 도서관에.

20 M: 얘야, 이번 여행이 즐겁니?

W: 네, 아빠. 여기가 정말 좋아요.

M: 오늘 밤엔 뭐가 하고 싶니?

W: 물론이죠. 뭐 생각해 두신 거라도 있으세요?

M: 저녁 강배 투어는 어때?

W: 싫어요. 지루하게 들려요. 극장에 가면 어때요?

M: 좋아. Hilton 극장에서 재미있는 쇼를 한다고 들었어.

W: 좋아요! 예약해요.

▶ 여행 중 오늘 밤에 할 일에 대해 아빠와 딸이 대화를 나누는 상황으로 Hilton 극장에서 쇼가 있다는 아빠의 말에 딸은 예약을 하자고 응답할 것임을 추론할 수 있다.

② 좋군요! 분명 맛있을 거예요.   ③ 회의에 제시간에 못 갈 것 같아요.   ④ 강배 투어에 가려면 서둘러요.   ⑤ 미안하지만 가족과 함께 보내는 시간이에요.

【Words】 have ~ in mind ~에 관해 생각하고 있다   riverboat 강배   make a reservation 예약하다

Dictation

01 weather / winds / clear / moon / cloudy skies
02 order / pizza / Cokes / salad
03 Sunday / tickets / amusement park / roller
04 loud / notice / final exams / earphones
05 able to / get out of / far from / a ride
06 homework / more / much / fair
07 almost forgot / want to go out / rather
08 back around / leave a message / four / science book
09 was hit by / Saturday / hit / feel really sorry
10 hospital before / learn very quickly / tomorrow morning
11 sixty dollars / writer / writing class / singer / different / good writer
12 What's up / finished the homework / several hours
13 won't go out / 7 : 15(seven fifteen) / as soon as
14 hurts so much / take a look
15 everything I need / without the bag / I have to be
16 order / help yourself / would you like / some more / full
17 do me a favor / do for you / have to be here
18 imagine how people lived / novels about history
19 on weekends / library / near your house / often
20 enjoying / have / in mind / sounds boring / terrific show

듣기 평가 2회

01 ③	02 ②	03 ③	04 ③	05 ⑤	06 ②	07 ③
08 ⑤	09 ⑤	10 ①	11 ①	12 ①	13 ③	14 ④
15 ①	16 ②	17 ④	18 ④	19 ④	20 ④	

01 W: 내일의 날씨입니다. 오늘은 하루 종일 흐린 날이었고, 오늘밤에는 비가 약간 내리겠습니다. 하지만, 내일은 전형적인 가을 날씨를 즐길 수 있습니다. 하루 종일 서늘하고 화창한 날이 되겠습니다. 야외 활동을 하기에 좋은 날이겠습니다.

▶ It'll be cool and sunny all day.에서 내일의 날씨를 알 수 있다.

【Words】 all day 하루 종일　during ~ 동안에　be able to+동사원형: ~할 수 있다　typical 전형적인　outdoor 실외의　activity 활동

02 W: Universal 카메라 상점에 오신 것을 환영합니다. 도와 드릴까요?

M: 네. 아들에게 줄 디지털 카메라가 필요해요.

W: 어떤 종류의 카메라를 원하세요? 십 대들은 둥근 하얀색 카메라를 좋아하죠.

M: 하지만 제 아들은 직사각형의 검은색 카메라를 갖고 싶어 해요.

W: 오른편에 있는 검은색 카메라를 말씀하시는 거죠?

M: 아니요. 중간에 있는 검은색 카메라요.

▶ 아들이 원하는 것은 사각형의 검은색 카메라(a black rectangular one)이므로 ②와 ⑤ 중에 골라야 하는데, 남자가 중간에 있는 검은색 카메라라고 했으므로 ②가 남자가 사려는 것임을 알 수 있다.

【Words】 teenager 십 대　rectangular 직사각형의　middle 중앙의, 중간의

03 M: 너 Harry 소식 들었니?

W: 아니. 무슨 일 있니?

M: 지난주에 팔이 부러졌대.

W: 저런! 어쩌다 그랬지?

M: 자전거 타다가 넘어졌대.

W: 불쌍한 Harry! 빨리 나으면 좋겠다.

▶ 팔이 부러진 친구의 소식을 들은 여자는 걱정스러운(worried) 심정일 것이다.

【Words】 happen (사건 따위가 우연히) 일어나다　break 부러지다　arm 팔　fall down 쓰러지다

04 M: 저는 매우 활동적인 사람입니다. 저는 조깅하고 수영을 하며, 많은 영화와 콘서트를 보러 갑니다. 저는 합창단에서 노래도 하며, 주말마다 친구와 함께 농구를 합니다. 저는 록 음악과 재즈를 좋아하지만, TV는 그다지 자주 보지 않습니다.

34 바른답 · 알찬풀이

▶ 남자가 좋아하는 것은 조깅, 수영, 영화와 콘서트 관람, 노래, 농구, 음악이며, 마지막 말 I don't watch TV very often.에서 TV 시청은 좋아하지 않음을 알 수 있다.

【Words】 active 활동적인(↔ passive)   jog 조깅하다   choir 합창단

05 W: 실례합니다. 들어갈 수 있을까요?

M: 네, 들어오세요.

W: 버튼을 눌러 주시겠어요? 손이 없네요.

M: 물론이죠, 몇 층이시죠?

W: 5층이에요. 정말 감사합니다.

M: 천만에요.

▶ 여자가 버튼을 눌러 달라고 하자 몇 층인지 묻고 답하는 것으로 보아 엘리베이터 안에서 나누는 대화임을 유추할 수 있다.

【Words】 get in (안으로) 들어가다   press 누르다   spare 여분의

06 W: 여러분은 최근에 열심히 공부해 왔어요. 그렇지 않나요? 저는 여러분이 다음 주 시험을 잘 준비했을 거라고 기대해요. 이번 주말에 여러분 모두 이번 학기에 배운 과를 복습하기 바랍니다. 모든 장의 연습문제 1, 2, 3을 잊지 말고 복습하세요. 반드시 시험 전에 여러분의 노트를 매우 신중히 읽어 보세요.

▶ 교사가 학생들에게 다음 주에 있을 시험에 대한 준비사항을 알려 주는 내용으로 시험 대비 안내를 목적으로 하는 담화이다.

【Words】 prepare 준비하다   go over ~을 복습하다   semester 학기   review (학과를) 복습하다   make sure to 반드시 ~하다

07 W: 안녕하세요, 손님. 뭘 도와 드릴까요?

M: 제 여자 친구에게 줄 선물을 찾고 있어요.

W: 보석에 대해서는 생각해 보셨어요?

M: 예를 들면 어떤 것들인데요?

W: 음, 이 목걸이 한번 보세요. 단순하지만 아주 예뻐요.

M: 예쁘네요, 하지만 전 그렇게 많은 돈을 쓸 수가 없어요.

W: 그럼, 반지는 어떨지 한번 생각해 보셨나요? 그렇게 비싸지 않아요.

M: 그걸로 할게요. 도와주셔서 감사합니다!

▶ 가게 점원이 처음에 목걸이를 추천하자 남자는 비싸다며 거절했고, 가격이 좀 더 싼 반지를 추천하자 그것을 사기로 결정했다.

【Words】 jewelry 보석류   spend (돈 따위를) 쓰다, 소비하다

08 W: 너도 알다시피, 엄마가 요즘 많이 피곤해 하셔. 우리가 엄마를 도와 드려야 할 것 같아.

M: 맞아. 우리가 엄마를 위해 뭘 할 수 있을까?

W: 난 집을 청소할게. 넌 세탁을 하는 게 어때?

M: 아니, 난 세탁기 이용법을 몰라.

W: 설거지는 어때?

M: 그건 좋아.

▶ 마지막 남녀의 대화에서 여자가 How about washing the dishes?라며 설거지할 것을 제안하자 남자도 동의하고 있으므로 남자는 설거지를 할 것이다.

【Words】 clean 청소하다   laundry 세탁물   washing machine 세탁기   wash the dishes 설거지하다

09 M: 안녕, 수미야. 오늘 오후에 뭐 할 거니?

W: 오늘 오후? 글쎄…. 특별한 일은 없어.

M: 좋아. 그럼 나랑 영화 보러 갈래?

W: 좋은 생각이야. 어디서 만날까?

M: 5시에 제과점 근처 버스 정류장에서 만나자.

W: 그래. 그때 보자.

▶ 남자의 마지막 말 Let's meet at the bus stop near the bakery at 5.에서 버스 정류장에서 만날 것임을 알 수 있다.

【Words】 bus stop 버스 정류장   bakery 제과점

10 W: 이 주변에 경찰서가 있나요?

M: 네, 모퉁이 근처에 하나 있어요. 왜 그러세요?

W: 지갑을 도난당했어요.

M: 오, 저런. 뭐가 들어 있었는데요?

W: 현금과 신용카드가 있었어요.

▶ 경찰서를 찾는 이유를 생각해 본다.

【Words】 police station 경찰서   purse 지갑   steal 훔치다 (-stole-stolen)   cash 현금   credit card 신용카드

11 M: 조깅은 몇 가지 이유에서 좋다. 그것은 심장에 특히 좋다. 규칙적으로 조깅을 하면, 심장은 더 튼튼해질 것이다. 조깅은 또한 다리에 좋다. 그리고 많은 사람들이 그것이 정신에도 좋다고 믿는다.

▶ jogging의 장점을 제시하는 글이다.

【Words】 be good for ~에 좋다   reason 이유   especially 특히   heart 심장   regularly 규칙적으로   mind 정신

12 W: 나는 방금 한 남자에 관한 책을 읽었어.

M: 그가 무엇을 했는데?

W: 그는 마른 땅에 오랫동안 나무를 심었어. 그러자 사막이 숲으로 변했어.

M: 정말 놀랍구나.

W: 그는 나에게 "인간은 세상을 바꿀 수 있다."라는 중요한 교훈을 가르쳐 주었어.

M: 전적으로 동감이야.

▶ I couldn't agree more.는 상대방의 말에 전적으로 동의함을 나타내는 표현이다.

【Words】 plant 심다   desert 사막   change into ~으로 변하다   forest 숲   incredible 놀라운, 믿을 수 없는   agree 동의하다

13 W: 도와 드릴까요?

M: 네, 새우 버거, 감자튀김, 그리고 콜라 작은 것 주세요.

W: 그것은 모두 6달러 40센트입니다.

M: 좋아요. 여기 있습니다.

W: 10달러를 주셨습니다. 여기 잔돈입니다.

▶ 음식값이 6달러 40센트이고 남자가 낸 돈은 10달러이므로 거스름돈은 10달러-6달러 40센트=3달러 60센트가 된다.

【Words】 shrimp 새우   change 거스름돈

14 W: 도와 드릴까요?

M: 아니요, 그냥 둘러보고 있습니다.

W: 그러세요. 천천히 둘러보세요. 그리고 언제든지 필요하시면 절 부르세요.

M: 이걸 어디에서 입어 볼 수 있나요?

W: 코너에 탈의실이 있습니다.

▶ Are you being helped?는 점원이 손님에게 하는 말이다.

【Words】 look around 구경하다   whenever ~할 때는 언제나   try on 입어 보다, 신어 보다   dressing room 탈의실

15 M: 실례합니다. 가까운 공중전화가 어디에 있는지 알려 주시겠어요?

W: 음, 어디 보자. 길 아래의 은행 옆에 있는 것 같군요.

M: 고맙습니다. 그런데 동전 사용 전화인가요?

W: 아니요, 전화카드를 사용해야 될 거예요.

M: 오, 알겠습니다.

▶ 남자는 가장 가까운 공중전화가 어디에 있는지를 물었다.

【Words】 public phone 공중전화   next to ~ 옆에   by the way 그런데   coin operated phone 동전 전화기   phone card 전화카드

16 M: 어이, 이봐요!

W: 저한테 하시는 말인가요?

M: 네, 당신 말이에요. 지금 뭘 하고 있는 겁니까?

W: 네? 영화표를 사려고 하는데요.

M: 여기 줄이 있는 것 안 보입니까?

W: 아, 그런가요? 미안합니다. 줄이 있는 것을 몰랐어요.

▶ Can't you see there's a line?으로 보아, 여자가 새치기를 한 상황이다.

【Words】 movie ticket 영화표   line 줄, 선   realize 깨닫다

17 ① M: 어느 계절을 가장 좋아하세요?

　W: 겨울을 가장 좋아해요.

② M: 디지털 카메라를 빌릴 수 있을까요?

　W: 그럼요.

③ M: 자동차 사고에 대해 들었어요?

　W: 네, 뉴스에서 방금 들었어요.

④ M: 이런 종류의 그림을 좋아하세요?

　W: 네, 저는 Pablo Picasso의 그림을 좋아해요.

⑤ M: 와! 전에 여기서 이렇게 많은 사람들을 본 적이 있어요?

　W: 아니요. 이것은 정말 흥미로운 경기가 될 거예요.

▶ 두 남녀가 그림을 보고 있는 상황이므로, 이런 그림을 좋아하는지 묻자 Pablo Picasso의 그림을 좋아한다고 말하는 ④가 어울린다.

【Words】 borrow 빌리다   accident 사고   painting 그림   exciting 흥분시키는, 신나는

18 M: 신체 언어는 나라마다 다르다. 예를 들어, 미국인들은 '모른다'라고 말할 때, 어깨를 으쓱하지만, 한국인들은 머리를 가로젓는다. 누군가를 손가락으로 가리키는 것이 캐나다에서는 괜찮지만, 한국에서는 무례한 행동이다.

Q: 미국인들이 어깨를 으쓱하는 것은 무슨 의미인가?

▶ '모른다'라는 의미로 미국인들은 어깨를 으쓱하고, 한국인들은 머리를 가로젓는다.

【Words】 differ 다르다   shrug 으쓱하다   shake 흔들다   point 가리키다   finger 손가락   rude 무례한

19 W: 도와 드릴까요?

M: 네. 셔츠를 사고 싶어요.

W: 이건 어떠세요?

M: 너무 화려해요. 다른 것을 볼 수 있을까요?

W: 물론이죠. 이건 어때요?

M: <u>좋아요. 그걸로 할게요.</u>

▶ 남자가 상점에서 셔츠를 사는 상황으로, 남자의 요청에 따라 점원이 다른 것을 보여 주고 있으므로 그 셔츠에 대해 좋다거나 싫다는 말을 하는 것이 자연스럽다.

① 여기 있습니다. ② 천만에요. ③ 천만에요. ⑤ 물론입니다.

20 W: 시험 결과에 만족하니?

M: 아니, 난 떨어졌어.

W: 안됐구나. 너 공부 많이 했잖아.

M: 맞아. 그랬어. 다음번에는 더 잘하고 싶어. 내가 어떻게 해야 하지?

W: <u>공부 습관을 바꿔 보는 게 어때?</u>

▶ 시험 결과에 대해 대화를 나누고 있는 상황으로 남자가 시험을 잘 볼 수 있는 방법을 묻고 있으므로 시험이나 공부와 관련된 내용으로 답하는 것이 자연스럽다.

① 다이어트를 하는 게 어때? ② 좀 더 자주 여행을 하는 게 어때? ③ 조부모님 댁을 방문하는 게 어때? ⑤ TV를 보면서 시간을 좀 더 보내는 게 어때?

【Words】 pleased 기쁜, 만족스러운   fail (시험에) 떨어지다   go on a diet 다이어트를 시작하다

01 cloudy weather / some rain / cool and sunny / outdoor activities

02 digital camera / white rounded / black rectangular / black / middle

03 What happened / arm / riding a bike / get well soon

04 active person / a lot of / in a choir / weekend

05 spare hands / 5th(Fifth) / My pleasure

06 to be well prepared / to go over / review exercises / Make sure

07 simple but pretty / spend that much / giving her a ring

08 feels so tired / clean / how to / washing the dishes

09 Nothing special / bus stop / 5(five)

10 around the corner / purse stolen / some credit cards

11 good for you / good for your heart / be stronger / it is good for

12 planted trees / changed into / couldn't agree

13 Yes, please / six dollars and forty cents / Here's your change

14 being helped / looking around / try this on

15 down the street / have to use

16 do you think / buy movie tickets / didn't realize

17 like the most / No problem / car accident / paintings / exciting game

18 differs from / shake their heads / Pointing a finger

19 shirt / too colorful / another one

20 test result / too bad / do better

01 ④	02 ②	03 ③	04 ④	05 ③	06 ④	07 ④
08 ②	09 ②	10 ②	11 ⑤	12 ③	13 ①	14 ①
15 ①	16 ③	17 ②	18 ④	19 ①	20 ③	

01 W: 안녕하세요! 이번 주 일기예보를 말씀드리겠습니다. 월요일에는 약간의 비가 예상됩니다. 화요일에는 맑은 날씨가 되겠습니다. 수요일은 다시 우산이 필요할 것 같습니다. 안타깝게도, 목요일에도 햇빛을 볼 수 없습니다. 그 다음 날에는 흐리겠습니다.

▶ we can't see any sunshine on Thursday를 통해 목요일은 흐림을 알 수 있다.

【Words】 weather forecast 일기예보   expect 예상하다   sunshine 햇빛   following 다음의, 다음에 오는   cloudy 흐린

02 M: 이탈리아에서 온 것을 원하세요? 우선, 빵 한 조각에 버터를 바르세요. 양파, 당근, 옥수수 같은 익힌 야채를 빵 위에 놓으세요. 야채 위에 치즈를 얹으세요. 그 빵을 전자레인지에 넣고 3분간 데우세요.

▶ 식빵에 야채와 치즈를 얹어 만든 간편한 야채 피자의 조리법(recipe)이다

【Words】 spread (얇게 펴서) 바르다   cooked 익힌   onion 양파   carrot 당근   corn 옥수수   add 더하다, 첨가하다   microwave 전자레인지   heat 데우다

03 M: 안녕하세요. 어떻게 도와 드릴까요?

W: 제 개를 어디서도 찾을 수가 없네요. 공원에서 산책하고 있는 동안에 사라졌어요. 도망을 간지도 모르겠어요.

M: 오, 유감이네요. 어떻게 생겼지요?

W: 점박이예요. 꼬리는 짧고요. 이름은 Silver예요. 제발 찾는 것을 도와주세요. 그 개 없이 사는 것은 상상할 수가 없어요.

▶ 개를 잃어버리고 I can't imagine living without him.이라고 하는 것으로 보아 여자가 슬퍼하고 있다는 것을 알 수 있다.

【Words】 disappear 사라지다   while ~하는 동안에   imagine 상상하다   without ~ 없이

04 W: Kevin, 신문을 버리지 마라.

M: 왜요? 다 읽었어요. 이제 쓸모가 없잖아요.

W: 그렇지 않아. 다 쓴 종이를 버리지 마. 그것이 재활용된다는 것 모르니? 그리고 너는 빈병이나 깡통을 버려서도 안 돼. 우리는 그것을 모두 재활용할 수 있고, 재활용해야 해.

M: 알겠어요, 엄마.

▶ Don't throw away used paper.와 And you must not throw out empty bottles, and cans, either.로 보아 폐품을 재활용하라는 내용이다.

05 M: 무엇을 도와 드릴까요?

W: 나는 오늘 아침에 지하철에 가방을 두고 내렸어요.

M: 저, 가방이 어떻게 생겼나요?

W: 회색 배낭입니다.

M: 그 안에 무엇이 있었지요?

W: 책과 공책이요.

M: 좋아요. 잠시만 기다려 주세요.

▶ I left my bag behind on the subway this morning. 으로 보아 지하철 분실물 센터에서 물건을 찾고 있음을 알 수 있다.

06 W: 내일이 내 피아노 연주회야.

M: 이제 준비됐니?

W: 잘 모르겠어. 연습은 많이 했는데, 여전히 긴장이 돼.

M: 넌 틀림없이 잘할 거야.

W: 정말 그렇게 생각해?

M: 물론이지. 내가 행운을 빌어 줄게.

▶ I'll keep my fingers crossed.는 행운을 빌 때 쓰는 표현이다.

07 [전화벨이 울린다.]

M: 여보세요. Ann과 통화할 수 있나요?

W: 미안합니다만, 집에 없어요.

M: 오, 전할 말을 남겨도 될까요?

W: 좋아요. 전화하신 분은 누구시죠?

M: 저는 Bob입니다. 내일 아침 9시에 도서관에서 만나고 싶다고 전해 주세요.

▶ I want to meet her at the library at 9 o'clock tomorrow morning.이라고 했으므로 만날 장소는 도서관이다.

08 M: 이번 주말에 영화 보러 갈 거니?

W: 아니, 나한테 더 좋은 생각이 있어. 농구 경기를 보러 가자.

M: 축구 경기를 보러 가는 건 어때? 난 농구보다 축구가 훨씬 더 좋은데.

W: 하지만 이번 주말에는 축구 경기가 없어.

M: 알았어. 그럼 농구 경기를 보러 가자.

▶ 이번 주말에는 축구 경기가 없으므로, 남자는 여자의 제

안을 따르게 된다.

09 M: 아침을 먹기 전에, 나는 내일 체육 시험을 위해 줄넘기를 하러 나갔다. 아침 식사 후에, 나는 엄마가 설거지하시는 것을 도왔다. 나는 오후에 공원으로 나의 개 Ron을 산책시키러 갈 때까지 휴식을 취했다.

▶ jump rope, do the dishes, walk 등의 동작을 나타내는 말에 유의하여 듣는다.

10 M: 실험을 했을 때, 보고서를 쓰도록 해보세요. 다음 단계를 따르면, 좋은 보고서를 쓸 수 있습니다. 1. 제목을 쓰시오. 2. 실험의 날짜를 쓰시오. 3. 실험의 목적을 쓰시오. 4. 실험에 필요한 것을 쓰시오.

▶ Follow these steps, then you can write a good report.에서 보고서를 쓰는 방법에 대해 이야기하고 있음을 알 수 있다.

11 M: Jane, 너는 미래에 뭐가 되고 싶니?

W: 글쎄, 미술을 정말 좋아하지만 요즘 모든 직업이 컴퓨터와 관련이 있는 것 같아. 뭘 공부해야 할지 모르겠어!

M: 컴퓨터 그래픽을 공부해 보는 게 어때? 그럼 컴퓨터 그래픽 디자이너가 될 수 있어.

W: 좋은 생각이야! 난 할 수 있어. 네 계획은 뭐니?

M: 난 의사가 되고 싶고 언젠가는 암 치료법을 발견해 낼 거야.

W: 정말 멋지다.

▶ 미술을 좋아하는 여자에게 남자가 컴퓨터 그래픽을 배워 컴퓨터 그래픽 디자이너가 되는 것을 제안하자 여자도 동의했고, 남자는 의사가 되어 암 치료법을 발견하고 싶다고 말하고 있다.

12 [전화벨이 울린다.]

M: 안녕, Judy. 나 Brian이야.

W: 안녕, Brian. 무슨 일이니?

M: 나는 다음 주에 프랑스로 여행을 갈 거야. 거기서 사진을 찍고 싶어. 네 디지털 카메라를 빌릴 수 있니?

W: 문제없어. 좋은 여행되기를 바라.

M: 고마워.

▶ Can I borrow your digital camera?에서 전화한 목적을 알 수 있다.

13 M: 너는 바빠 보이는구나. 뭐 하고 있니?

W: 나는 4월 1일에 중요한 시험이 있어.

M: 내일 모레 말이야?

W: 응, 그래서 나는 그것을 준비하느라 바빠.

M: 행운을 빌어. 잘할 거라고 믿어.

W: 고마워.

▶ 내일 모레가 4월 1일이므로 오늘은 4월 1일에서 2일 전인 3월 30일이다.

【Words】 the day after tomorrow 모레　be busy -ing ~하느라 바쁘다　prepare for ~을 준비하다

14 W: Mike! 숙제 어디 있니?

M: 죄송해요, Murphy 선생님, 하지 못했어요.

W: 못했다고? 뭐가 문제니?

M: 어젯밤에 머리가 아팠어요.

W: 그럼 내일까지 숙제를 해오겠니?

M: 네, 약속드릴게요.

▶ 숙제를 못한 이유를 말하자 숙제 마감 시한을 연장해 주는 것으로 보아 교사와 학생의 대화임을 알 수 있다.

【Words】 headache 두통　promise 약속하다

15 M: 이봐, 너 달라 보인다. 머리를 자른 거야?

W: 응. 좀 짧지, 그렇지 않니?

M: 아니, 아주 멋져 보이는데! 어디서 잘랐니?

W: Ann 미용실에서. 머리를 잘하고 가격도 적당해.

M: 그건 알아둘 만하네. 그런데 이 근처에 좋은 신발 수선점을 알고 있니? 내 신발 몇 켤레를 수선해야 하거든.

W: 서점 옆에 작은 신발 수선점이 하나 있어.

M: 정말 고마워.

▶ 남자의 말 I have to get some shoes repaired.를 통해 남자가 원하는 것은 구두 수선임을 알 수 있다.

【Words】 cut 자르다　reasonable 합리적인　repair shop 수리점　repair 수선하다　next to ~ 옆에

16 M: 뭐 하고 있니? 뭐 찾고 있는 거니?

W: 응, 반지를 찾을 수가 없어.

M: 어쩌다 잃어버렸니?

W: 반지를 떨어뜨렸어. 굴러가더니 사라져 버렸어. 책상 아래 어딘가에 있을 것 같아.

M: 그러면, 책상을 약간 옮기고 확인해 보는 게 낫지. 도와줄게.

W: 고마워.

▶ it is somewhere under the desk와 move the desk a little and check it에서 책상을 옮기는 이유를 알 수 있다.

【Words】 drop 떨어뜨리다　roll 구르다　disappear 사라지다　check 확인하다

17 ① W: 메뉴 좀 주세요.

M: 여기 있습니다, 손님.

② W: 실례합니다만, 이 자리 주인 있나요?

M: 아니요, 여기 앉으셔도 됩니다.

③ W: 도와 드릴까요?

M: 이 가방을 교환하고 싶은데요.

④ W: 이 근처에 주차장 있나요?

M: 네, 저쪽에요.

⑤ W: 당신의 컴퓨터를 써도 될까요?

M: 물론이죠.

▶ 기차에서 자리에 주인이 있는지를 묻고 있는 상황이므로 ②가 알맞은 대화이다.

【Words】 seat 자리, 좌석　exchange 교환하다　parking lot 주차장

18 W: 도와 드릴까요?

M: 네. 필름 한 통과 엽서 2장 주세요.

W: 필름 한 통과 엽서 2장이요! 다른 것은요?

M: 아니요, 됐어요. 그게 다예요.

▶ 남자는 필름 한 통과 엽서 2장을 달라고 했는데, 필름 한 통은 4달러이고, 엽서 한 장은 1달러로 2장 달라고 했으므로 2달러를 지불해야 한다. 따라서 총 6달러를 지불해야 한다.

【Words】 roll 돌돌 말린 것, 한 통　film 필름　postcard 엽서

19 M: 안녕하십니까? 신사 숙녀 여러분. 우리 쇼에 오신 것을 환영합니다. 오늘 밤 우승자는 유럽 휴가 티켓을 받게 됩니다. 자, 이제 여기 첫 번째 손님을 모시겠습니다. [잠시 후] 안녕하세요, 부인? 성함을 말씀해 주시겠습니까?

W: Laura Jackson입니다.

M: 무슨 일을 하세요, Laura?

W: 저는 수의사입니다.

▶ 방송 퀴즈 쇼 프로그램의 일부로, 남자 사회자가 여자에게 무슨 일을 하는지 직업을 묻고 있으므로 수의사라고 말하는 대답이 가장 자연스럽다.

② 네, 좋은 하루 되세요. ③ 오, 정말 잘됐네요. ④ 이곳에 함께하게 돼서 기뻐요. ⑤ 여기서 2블록쯤 떨어져 있어요.

20 M: 다음 달에 호주를 방문할 거야. 하지만 그 나라에 대해 잘 몰라.

W: 음, 너는 거기에 따뜻한 옷을 가져가는 것이 좋아.

M: 왜?

W: 여기는 여름이지만, 거기는 꽤 추워. 너도 알지, 그들은 우리와 같은 계절이 아니라는 것을 말이야.

M: 알았어. 명심할게.

▶ 유용한 충고를 해주는 사람에게 '그 말을 명심하겠다.'고 하는 것이 자연스럽다. ① 좋아. 네 편지를 기다릴게.

② 언젠가 나는 거기로 여행갈 거야. ④ 오, 너에게 말하는 것을 잊었어. ⑤ 오, 나는 몰랐어.

【Words】 take 가져가다　clothes 옷　same 같은

Dictation

pp. 105~107

01 weather forecast / rain / clear skies / umbrella / any sunshine / cloudy

02 spread butter / Put some cooked / Add some cheese / heat it

03 can't find my dog / run away / short / help me find him

04 Don't throw / be recycled / empty bottles

05 left my bag / gray / second

06 I'm still nervous / do well / my fingers crossed

07 home / Who's this / Please tell her

08 better idea / much better / basketball

09 went out / do the dishes / walked my dog

10 try to write / title / purpose of / need for

11 computers / graphic designer / plans

12 take a trip / borrow / have a nice trip

13 on April first(1st) / after tomorrow / preparing for

14 Anything wrong / headache / tomorrow then / promise

15 hair cut / reasonable / shoes repaired

16 looking for something / dropped the ring / you'd better / check it

17 menu / this seat taken / exchange / parking lot

18 roll of / postcards / roll of / postcards / That's all

19 vacation ticket / Could you tell me

20 warm clothes / it's quite cold / same seasons

듣기 평가 4회

pp. 108~110

01 ②	02 ②	03 ②	04 ③	05 ②	06 ④	07 ⑤
08 ③	09 ⑤	10 ⑤	11 ①	12 ③	13 ③	14 ⑤
15 ③	16 ④	17 ④	18 ③	19 ②	20 ②	

01 W: 안녕하세요. 내일 일기예보를 말씀드리겠습니다. 하루 종일 비가 내리겠습니다. 외출하실 때 우산을 꼭 챙기시기 바랍니다.

▶ It's going to rain all day.를 통해 내일은 하루 종일 비가 올 것임을 알 수 있다.

【Words】 weather forecast 일기예보　go out 외출하다

02 W: 네 여동생이 파티에 지금 와 있니?

M: 물론이지. 아, 저기 있다. 탁자 주변에 있는 여자아이들 보이니?

W: 응. 저기 여자아이들이 몇 명 있구나.

M: 내 여동생은 안경을 낀 애야.

W: 긴 치마 입은 아이를 말하는 거니?

M: 아니, 걔는 바지를 입고 있어.

▶ 남자의 여동생은 안경을 끼고(the one with glasses) 바지(pants)를 입었다고 했으므로 ②가 알맞다.

03 W: Harry, 무슨 일이니? 아주 우울해 보인다.

M: 우리 팀이 농구 경기를 졌어.

W: 오, 안됐구나. 하지만 힘내! 다음엔 더 잘할 거야.

M: 우리 팀의 모든 선수가 열심히 연습했어. 나는 너무 실망스러워.

W: 어, 기운내. 이기는 것이 다가 아니잖아.

▶ I'm so disappointed.에서 남자의 기분을 알 수 있다.

【Words】 down 기운 없는, 우울한　lose (경기에) 지다　practice 연습하다　disappointed 실망한

04 M: 농구 경기 보러 갈래?

W: 미안, 난 운동을 싫어해.

M: 그럼, 영화 보러 가는 건 어때?

W: 좋지만, 난 지금 배가 고파. 저녁 먼저 먹자.

M: 좋아. 어떤 음식을 좋아하니?

W: 중국 음식을 좋아해.

M: 이 근처에 있는 좋은 중국 식당을 알고 있어. 가자.

▶ 여자가 배가 고프다며 저녁 먼저 먹자고(Let's have dinner first.) 남자도 동의했으므로, 두 사람은 식사를 하러 갈 것이다.

05 M: 도와 드릴까요?

W: 네, 빅버거 하나 주세요.

M: 그 밖에 다른 것은요?

W: 콜라 큰 것과 애플 파이 하나요.

M: 여기에서 드실 것인가요, 포장인가요?

W: 여기에서 먹을 겁니다.

M: 6,500원입니다. 감사합니다.

▶ 여자가 주문한 음식은 모두 다 패스트푸드이다.

【Words】anything 무언가 else 그 밖에, 그 외에

06 M: 같이 하이킹 갈래?

W: 그래, 물론이야. 언제 가고 싶은데?

M: 이번 주 토요일.

W: 미안해. 이번 주 토요일에는 바빠. 공항에 부모님을 모시러 갈 거야. 유럽에서 돌아오시거든.

M: 그래? 그럼 다음에 가자.

W: 그래. 어쨌든 고마워.

▶ 여자는 남자의 제안에 대해 공항에 부모님 마중을 가야 한다는 답을 하고 있다.

【Words】airport 공항 pick up ~을 차에 태우다

07 M: 서둘러! 영화가 곧 시작해.

W: 우리는 아직 걸을 시간이 있어. 그렇게 서두르지 마.

M: 내 시계를 봐. 5시 30분이야.

W: 지금 5시 15분 아니니?

M: 라디오에 시계를 맞춰 놓았어. 5분밖에 안 남았어.

W: 오, 이런. 빨리 가자.

▶ 라디오에 시계를 맞춰 놓은 남자의 시계로 5시 30분이고 5분 남았다고 했으므로 영화 시작 시간은 5시 35분이다.

【Words】in a minute 곧, 금방(= soon) in (such) a hurry (그렇게) 서둘러서 set 맞추다 quickly 빨리

08 [전화벨이 울린다.]

M: 여보세요?

W: 안녕, Tim. 나 Ann이야. 오늘 오후에 시간 있니?

M: 글쎄, 숙제를 해야 하는데.

W: 내일은 어때? 영화 보러 가자.

M: 좋아.

▶ 여자가 내일 영화 보러 가자는 제안에 남자도 동의했으므로, 두 사람은 내일 영화를 보러 갈 것이다.

09 W: 안녕, 민수야! 이번 금요일 밤에 Tom의 포틀럭 파티에 대해 들었니?

M: 물론. 나도 초대받았어.

W: 나도. 넌 뭘 가져갈 거니?

M: 난 음료수를 가져갈 거야. 넌?

W: 글쎄, 집에서 만든 초콜릿 케이크를 가져갈까 생각 중이야.

▶ I will bring a homemade chocolate cake.을 통해 여자는 초콜릿 케이크를 가져갈 것임을 알 수 있다.

【Words】potluck party 각자 음식을 조금씩 가지고 오는 파티 invite 초대하다 homemade 집에서 만든

10 M: 이것은 여름에 매우 인기 있다. 여러분은 컵, 콘, 또는 막대 형태로 된 것을 살 수 있다. 아이들은 그것이 차갑고 달콤하기 때

문에 더욱 좋아한다. 그것은 인기 있는 후식이며 여러분이 목이 아플 때 기분을 좋아지게 한다.

▶ 컵, 콘 또는 막대 형태로 된 차갑고 달콤한 것은 아이스 크림이다.

【Words】popular 인기 있는 stick 막대기 sweet 달콤한 dessert 후식 sore 아픈 throat 목

11 M: 실례합니다. 시카고행 8시 30분 비행기를 어디에서 탈 수 있나요?

W: 죄송합니다만, 시카고행 8시 30분 비행기는 방금 떠났습니다.

M: 오, 안 돼! 제가 비행기를 놓쳤다고요?

W: 유감스럽게도 그렇습니다.

M: 믿을 수가 없어요! 전 형 결혼식에 가야 해요. 다음 비행기는 언제 있죠?

W: 찾아볼게요. 9시 45분에 하나 있습니다.

▶ 남자는 시카고에 가려는 것이지 시카고에 거주하는 것이 아니다.

【Words】flight 비행편 wedding 결혼식 have got to ~해야 한다

12 W: 뭘 도와 드릴까요?

M: 네, 오늘 아침 이 가게에서 제 책가방을 잃어버렸습니다.

W: 알겠습니다.

M: 누군가가 그것을 돌려줬나요?

W: 가져오지 않았습니다. 그것이 어떻게 생겼나요?

M: 검은색 배낭입니다.

▶ 남자는 오늘 아침 가게에서 잃어버린 가방을 찾으러 왔다.

【Words】turn in 돌려주다, 반납하다 backpack 배낭

13 M: 택시를 타고 싶니, 아니면 버스를 타고 싶니?

W: 택시를 타자. 더 빠르잖아.

M: 그곳에 가기에는 시간이 충분히 있어. 버스를 타는 게 어때?

W: 택시가 더 편리하니까 택시 타는 것이 좋겠어.

M: 좋아. 택시! 먼저 타.

W: 고마워.

▶ 여자는 택시가 빠르고 편리하기 때문에 택시 타기를 원하므로 ③ '여자는 택시 타기를 원한다.'가 일치하는 내용이다. ① 그들은 서두르고 있다. ② 여자는 버스 타기를 원한다. ④ 남자는 걷는 것을 좋아하지 않는다. ⑤ 버스가 더 편리하다.

【Words】would rather ~하는 편이 낫다 convenient 편리한 in a hurry 급히, 서둘러 After you. 먼저 타세요.

14 W: 어디를 다쳤어요?

M: 온몸이 아파요. 계단에서 떨어졌어요.

W: 그러셨어요? 움직이려고 하지 마세요. 가만히 계세요.

M: 의사 선생님은 오셨나요?

W: 아직요. 너무 오래 기다리게 해서 죄송합니다. 곧 오실 거예요.

▶ 의사가 곧 올 것이라는 것을 알려줄 만한 사람은 간호사이다.

【Words】 hurt 아프다　fall down ~로부터 떨어지다　stair 계단　still 정지해 있는

15 M: 안녕, 수진아. 어떻게 지냈니?

W: 잘 지냈어. 여름 방학 동안 즐거웠니?

M: 응. 나는 컴퓨터 기술을 좀 배웠어. 아주 유용하게 쓰일 거야.

W: 잘됐구나. 하지만 나는 중국어 성적에 대해 걱정을 해 왔어. 중국어를 향상시켜야만 하거든.

M: 매일 중국어를 연습해야 해. 그리고 수업시간에 배운 자료를 복습해.

▶ I've been worried about my Chinese.에서 여자의 걱정을 알 수 있다.

【Words】 enjoy oneself 즐거운 시간을 보내다　skill 기술　useful 유용한　be worried about ~에 대해 걱정하다　practice 연습하다　review 복습하다　material 자료

16 W: 너 화난 것 같아. 무슨 문제 있니?

M: 응, 사실 있어.

W: 어, 정말? 뭔데?

M: 오늘 아침 출근하는 길에 속도위반으로 딱지를 뗐어.

W: 그랬어? 안됐다.

▶ I got a ticket for speeding은 속도위반 딱지를 받은 것을 말한다.

【Words】 upset 화난, 언짢은　as a matter of fact 사실　a ticket for speeding 속도위반 딱지　on one's way to ~ 가는 길에

17 ① M: 새해 복 많이 받으세요!

　W: 당신도요.

② M: 소풍 갈까요?

　W: 좋아요!

③ M: 도와 드릴까요?

　W: 네.

④ M: 우리 팀이 경기에서 졌어요.

　W: 만나서 반가워요.

⑤ M: 음료수 좀 더 드시겠어요?

　W: 아니요, 됐어요.

▶ ④ 우리 팀이 경기에서 졌다는 말에 만나서 반갑다고 답하는 것은 어색하다. That's too bad. (정말 안됐군요.) 같은 위로의 표현이 알맞다.

【Words】 lose 패하다(-lost-lost)

18 W: 이게 학교 식당이니? 넓고 좋구나. 우리 뭘 먹을까?

M: 오늘의 메뉴는 스파게티와 핫도그네.

W: 그게 전부니? 먹고 싶은 것을 고를 수는 없어?

M: 아니, 그럴 수 없어. 매일 세트 메뉴 하나씩이야. 너희 학교에서는 학생들이 먹고 싶은 것을 아무거나 골라 먹을 수 있니?

W: 물론이지.

▶ students choose anything they want를 유의하여 듣는다.

【Words】 cafeteria 학교 식당　choose 고르다, 선택하다　anything 무엇이든

19 W: 네가 가장 좋아하는 운동은 무엇이니?

M: 나는 유도와 태권도를 좋아해.

W: 그 둘의 차이점은 무엇인데?

M: 유도는 일본의 것이고, 태권도는 한국의 것이야. 나는 수영도 좋아해. 너는 어떠니?

W: 나는 배구를 가장 좋아해.

▶ What about you?는 자신이 받았던 질문과 같은 것을 상대방에게 똑같이 물을 때 사용한다. 그러므로 여자는 What is your favorite sport?에 대한 답을 말해야 한다. ① 나도 그래. ③ 오, 그거 정말 좋구나. ④ 너도 배구를 좋아하니? ⑤ 나는 너와 함께 배구를 하고 싶어.

【Words】 difference 차이　between ~사이에

20 W: 너도 이제 다 컸구나. 학교는 어떠니?

M: 아주 좋아요. 새로운 것을 배우는 것은 정말 재밌어요.

W: 새 선생님들은 어떠시니?

M: 저에게 아주 잘 해 주세요. 특히 우리 영어 선생님이신 Smith 선생님이 좋아요.

W: 그래, 어떤 분인데?

M: 우리한테 친절하며 공평하세요.

▶ What's she like?는 How is she?와 같은 의미로서, 성격이나 특징을 묻는 표현이다. ① 그녀는 영어와 미술을 좋아해요. ③ 그녀는 영어 선생님이에요. ④ 그녀는 영어와 미술을 가르쳐요. ⑤ 그녀는 새로운 것을 배우는 것을 좋아해요.

【Words】 grown up 성숙한, 어른이 된　learn 배우다　especially 특히　fair 공평한

01 tomorrow / rain all day / take your umbrella

02 table / glasses / long skirt / pants

03 look so down / do better / so disappointed

04 sports / movie / have dinner first / Chinese restaurant

05 like to have / Anything else / to go

06 want to go / pick up / coming back from / some other time

07 in a minute / such a hurry / set my watch

08 this afternoon / homework / Sounds good

09 invited / some drinks / homemade chocolate cake

10 Children / popular dessert, sore throat

11 Where can / catch / just left / I've got to

12 I see / turned / I'm afraid not

13 enough time / more convenient / After you

14 hurts all over / try to move / here yet / waiting so long

15 enjoy yourself / need to improve / review the materials

16 seem upset / anything wrong / on my way to / You did

17 same to you / Sounds great / lost the game / some more drink

18 going to eat / Can't I choose / choose anything / Of course

19 between the two / What about you

20 grown up / How are / very kind

01 ④	02 ③	03 ②	04 ①	05 ②	06 ①	07 ③
08 ①	09 ③	10 ⑤	11 ④	12 ③	13 ③	14 ⑤
15 ①	16 ②	17 ②	18 ⑤	19 ④	20 ④	

01 W: 안녕하세요. National Weather Center입니다. 오늘은 어제처럼 비가 내리겠습니다. 비는 오늘 밤 늦게 그치겠습니다. 그리고 내일은 구름 한 점 없는 맑은 날이 되겠습니다. 소풍을 가셔서 햇빛을 즐길 수 있는 아름다운 날이 될 것입니다. 맑은 날씨는 모레까지 계속될 것입니다. 함께해 주셔서 감사합니다.

▶ The good weather will continue until the day after tomorrow.라고 했으므로 모레 날씨는 맑을 것임을 알 수 있다.

【Words】 rainy 비 오는 sunny 맑은 go on a picnic 소풍 가다 continue 계속되다 the day after tomorrow 모레

02 W: 두 개의 원을 나란히 그려라. 오른쪽 것이 왼쪽 것보다 더 크다. 오른쪽 원 안에 직사각형을 그리고 왼쪽 원 안에 정사각형을 그려라.

▶ The right one is larger than the left one.과 rectangle, square에 유의해서 듣는다.

【Words】 circle 원 rectangle 직사각형 square 정사각형

03 W: 한 여자가 커다란 나무 아래에서 쉬기 위해 멈춰 섰다. 때는 점심시간이었다. 그녀는 가난했으므로, 먹을 것이 많지 않았다. 그녀는 단지 작은 빵 한 조각을 가지고 있을 뿐이었다. 그녀는 그 빵을 꺼냈지만, 그것은 딱딱하고 굳어 있었다. 그것은 식욕을 당기지 않았지만, 그녀가 가진 전부다.

▶ 가난하여 먹을 것이 굳은 빵 한 조각밖에 없는 사람의 심정을 짐작해 보자.

【Words】 take out 꺼내다 stale 굳은 appetizing 식욕을 자극하는

04 M: 엄마, 제가 설거지 도와 드릴까요?

W: 괜찮아. 거의 다 했어. 방청소를 하지 그러니?

M: 벌써 다 했어요.

W: 그럼 숙제를 해라.

M: 오늘은 숙제가 없어요. 엄마, 저 밖에 나가서 축구해도 돼요?

W: 좋아, 하지만 저녁 식사에 늦지 마라.

▶ 축구를 해도 되는지 묻는 아들에게 엄마는 허락을 하며 저녁 식사 시간에 늦지 말라고 말하고 있다.

【Words】 do the dishes 설거지하다 already 이미, 벌써

05 W: 죄송합니다만, 언제 서울역에 도착하는지 말씀해 주시겠어요?

M: 서울역이요? 이런. 5분 전에 막 지났어요.

W: 오, 안 돼요. 어떻게 하죠? 전 남대문 시장에 가고 있거든요.

M: 남대문 시장이요? 다음 지하철역에서 내리셔서 버스를 타시는 게 좋겠네요. 20번 버스를 타세요.

W: 정말 감사합니다.

▶ 내릴 역을 놓친 여자에게 남자가 다음 지하철역에서 내리라고 말하는 것을 통해 지하철 안에서 나누는 대화임을 알 수 있다.

【Words】 station 역, 정거장　pass 지나가다　had better ~하는 편이 낫다　get off 내리다(↔ get on)

06 W: 기분 괜찮니?

M: 응, 왜 물어보니?

W: 정말 피곤해 보여서.

M: 사실, 최근에 잠을 잘 못 자지만 그것 말고는 괜찮아.

W: 건강보다 더 중요한 것은 없어.

M: 네 말이 맞아. 나 자신을 더 잘 돌보도록 노력할게.

▶ 피곤해 보이는 남자에게 여자가 건강이 무엇보다도 중요하다고 충고하고 있는 상황이다.

【Words】 tired 피곤한　lately 최근에　take care of ~을 돌보다

07 M: 시내로 가는 버스를 어디서 타야 하니?

W: 은행 앞에서. 네가 괜찮으면, 내가 태워 줄 수 있어. 나는 그쪽으로 가거든.

M: 정말?

W: 응, 나는 내 여동생을 태우러 시내에 가야 해.

M: 좋아. 네 제안에 고맙게 생각해.

W: 별말씀을.

▶ I could give you a ride.는 제의를 하는 표현이고 Thanks for the offer.는 감사를 하는 표현이다.

【Words】 downtown 시내로　give ~ a ride ~을 태워 주다　direction 방향　pick up 차로 마중 나가다　offer 제의

08 M: 요즘 Baker 씨를 못 봤어.

W: 아파서 누워 있다고 들었는데.

M: 정말? 무슨 일인데?

W: 나도 잘 몰라.

M: 한번 들러서 어떤지 볼까?

W: 좋아. 언제?

M: 오늘, 방과 후 어때?

W: 좋아.

▶ Baker 씨가 아파 누워 있다는 말을 들은 남자가 한번 들러 보자고 제안하자, 여자도 동의했으므로, 두 사람은 Baker 씨 병문안을 갈 것임을 알 수 있다.

【Words】 be sick in bed 병으로 누워 있다　drop in 잠깐 들르다　That's fine with me. 나한테는 괜찮아.

09 W: 오, Jack. 그렇게 하면 안 된다.

M: 왜 안 되나요, 엄마?

W: 저기에 있는 표지판을 봐라. 여기서는 동물에게 먹이 주는 것이 허락되지 않아.

M: 오, 못 봤어요. 죄송해요. 그런데 왜 먹이를 주면 안 되나요?

W: 동물의 건강에 좋지 않단다. 네가 동물들에게 주는 것이 나쁠 수도 있어.

M: 알겠어요, 엄마.

▶ Feeding animals is not allowed here.에서 표지판의 내용을 알 수 있다.

【Words】 feed 먹이를 주다　allow 허락하다　anyway 어쨌든

10 M: 실례합니다. 마실 것 좀 주실 수 있나요?

W: 물론이죠. 무엇을 드시겠어요?

M: 오렌지 주스를 주세요.

W: 알겠습니다.

M: 그런데, New York에 몇 시에 도착하나요?

W: 두 시간 후에요.

▶ 음료를 가져다 달라고 하며 도착 시간과 관련된 대화를 하고 있으므로, 두 사람이 교통수단과 관련된 장소에 있음을 알 수 있다.

【Words】 by the way 그런데　arrive 도착하다

11 W: Brian, 보고서 다 끝냈니?

M: 아직 못 끝냈어.

W: 그러면 같이 준비할까?

M: 좋아. 도서관에서 하는 게 좋겠어.

W: 맞아. 몇 시에 만날까?

M: 내일 오후 3시에 도서관 앞에서 어때?

W: 나는 좋아. 그런데, John이 우리랑 함께 하고 싶어 할지 모르겠네.

M: 내가 알아보고 오늘 저녁에 전화해 줄게.

▶ I wonder if John wants to join us.로 보아 제안을 한 사람은 John이 아니다.

【Words】 prepare 준비하다　had better+동사원형: ~하는 게 낫다　wonder 궁금하다

12 [전화벨이 울린다.]

M: 안녕, Mary. 나 Tom이야.

W: 안녕, Tom. 무슨 일이니?

M: 미안하지만, 너에게 내 사전을 빌려줄 수 없겠어.

W: 왜 안 되니?

M: 집에서 찾을 수가 없어. Bill에게 부탁하는 게 어때?

W: 좋아, 어쨌든 고마워.

▶ 남자는 사전을 집에서 찾지 못하여 여자에게 빌려줄 수 없는 상황이다.

【Words】 lend 빌려주다　dictionary 사전　Why don't you ~? 너 ~하는 게 어때?

13 M: 모든 학생들은 영어 회화 실력을 향상시키고 싶어 합니다. 저도 그중 하나이며, 저는 여러분 모두에게 한 가지 방법을 제안하고 싶습니다. 저는 영어로 된 책을 소리 내어 읽습니다. 저는 미국에 가 본 적은 없지만, 저의 영어 실력을 꽤 많이 향상시켰습니다. 여러분도 시도해 보시지 않겠어요?

▶ read books aloud는 '큰 소리로 책을 읽다'라는 뜻이다.

【Words】 improve 향상시키다　ability 능력　suggest 제안하다　aloud 소리 내어, 큰 소리로　quite 꽤, 상당히

14 M: 실례합니다. 가방은 의자 아래 두셔야 합니다.

W: 아, 네.

M: 죄송합니다만, 비행기 안에서는 담배를 피우실 수 없습니다.

W: 죄송합니다. 깜박 잊었어요.

M: 그리고 안전벨트를 매셔야 합니다.

W: 오, 맞아요.

▶ 남자의 말 중 in the plane이라는 표현에서 비행기 안에서 오가는 대화임을 알 수 있다. 가방은 의자 아래 두고, 담배는 피울 수 없으며, 안전벨트를 맬 것을 당부하는 것으로 보아 스튜어드와 승객의 대화가 알맞다.

【Words】 seat 좌석, 자리　smoke 담배를 피우다　plane 비행기　fasten 매다, 잠그다　seatbelt 안전벨트

15 M: 안녕하세요. 저는 17세로 한국 고등학교에 다니며 1학년입니다. 저는 학교에서 2km 떨어진 시골에 살고 있어서 자전거로 학교에 갑니다. 저는 영어를 정말 좋아하지만, 과학이나 수학은 잘 못합니다. 저는 달리기를 매우 잘해서 학교 대표로 뜁니다.

▶ I really like English, but I'm not good at science or math.를 통해 남자가 과학이나 수학은 잘하지 못함을 알 수 있으므로 ①이 일치하지 않는 내용이다.

16 M: 정말 시간 잘 간다! 벌써 5시야.

W: 그래, 관광은 어땠니?

M: 아주 좋았어. 도시 구경을 시켜 주고 너는 정말 친절해. 어떻게 감사해야 할지 모르겠어.

W: 천만에.

▶ It's very nice of you to show me around the city.에서 감사하는 이유를 알 수 있다.

【Words】 tour 관광 여행　nice 친절한(= kind)　show ~ around ... ~에게 …을 구경시켜 주다　how to+동사원형: ~하는 방법　pleasure 기쁨

17 ① M: 몇 학년이니?

W: 3학년이에요.

② M: 몇 시에 만날까요?

W: 우체국 앞에서요.

③ M: 뮤지컬 '캣츠' 어땠어요?

W: 훌륭했어요. 그렇게 멋진 뮤지컬은 본 적이 없었어요.

④ M: 우리 집에 오실래요?

W: 네, 좋아요.

⑤ M: 지하철역에 어떻게 갈 수 있나요?

W: 미안합니다. 저도 여기가 처음입니다.

▶ ② 만날 시각을 묻는 질문에 장소로 답하는 것은 어색하다.

【Words】 grade 학년　make it (시간에) 대다　in front of ~ 앞에　stranger 처음 온 사람, 낯선 사람

18 W: 미국에서는 발렌타인데이를 기념하니?

M: 응. 소년 소녀들이 발렌타인데이에 초콜릿을 교환해. 한국에서는 어떠니?

W: 한국에서는 소녀들만 소년들에게 초콜릿을 줘.

M: 소녀들은? 그들은 아무것도 받지 않니?

W: 발렌타인데이에는 안 받아. 그들은 화이트데이에 사탕을 받아.

M: 정말 흥미롭구나!

▶ 남자의 첫 번째 말인 Boys and girls exchange chocolate on Valentine's Day.에서 미국에서는 발렌타인데이에 남녀가 초콜릿을 주고받음을 알 수 있으므로 ⑤가 일치하는 내용이다.

【Words】 celebrate 기념하다　exchange 교환하다　receive 받다

19 M: 나는 친구에게 애완동물을 사 주는 것에 대해 생각 중이야.

W: 무슨 종류?

M: 나는 고양이를 생각하고 있어. 새끼 고양이 말이야. 너는 고양이를 기르는 것을 어떻게 생각하니?

W: 사실, 나는 애완동물 기르는 것에 반대야.

M: 이유가 뭐니?

W: 일이 너무 많아.

▶ 애완동물 키우는 것을 반대하는 이유를 묻고 있다.

① 재미있을 것 같아. ② 나는 외롭기 때문이야. ③ 나는 수의사가 되고 싶어. ⑤ 나는 강아지를 더 많이 좋아해.

【Words】 raise a cat 고양이를 키우다　in fact 사실은　be against ~에 반대하다　reason 이유

20 W: 여러분과 남동생은 TV에서 음악 쇼를 같이 보고 있다. 한 인기 있는 여자 가수가 무대에 올라 있다. 여러분의 남동생은 그녀가 한국에서 가장 훌륭한 가수 중 한 명이라고 말한다. 그리고 여러분은 그와 같은 의견이다. 이 상황에서 여러분은 뭐라고 말하겠는가?

You: 네 말이 맞아.

▶ 상대방 말에 대해 동의를 할 때는 You can say that again. / I agree with you. / I think so, too.라고 한다.

① 다시 한 번 말해 주실래요? ② 나는 음악에 관심이 없어. ③ 너도 훌륭한 가수야. ⑤ 나는 그녀처럼 노래하고

싶어.

【Words】 popular 인기 있는   female 여성의   be on stage 무
대에 올라 있다   one of the＋최상급＋복수명사: 가장 ～한 … 중 하나
opinion 견해

Dictation

pp. 121~123

01 rainy day / with no clouds / the day after tomorrow
02 side by side / Draw a rectangle / in the left circle
03 to take a rest / things to eat / took out
04 shall I help you / already cleaned it / go out / don't
   be late
05 arrive at / five minutes ago / better get off
06 other than that / nothing more important / take
   better care of
07 get on / give you a ride / pick up / Not at all
08 sick in bed / how he is / today / after school
09 Look at the sign / feed them / bad for them
10 something to drink / What would you like / In two
   hours
11 make it / fine with / check / call
12 What's up / can't lend / Why don't you / Thanks
   anyway
13 like to suggest / in English aloud / improved /
   English
14 under / smoke in the plane / fasten your seatbelt
15 first / country / bicycle / science
16 tour / nice of you / how to
17 third / such / love / subway station / stranger
18 celebrate / give boys chocolate / receive candy
19 about buying a pet / against / reason
20 music show / popular female / opinion

memo

memo

미래엔
교과서

평가
문제집

MIDDLE SCHOOL
English 2-1

Contact Mirae-N

 www.mirae-n.com

(우)06532 서울시 서초구 신반포로 321

 1800-8890

모바일
홈페이지
바로가기

미래엔 교과서 연계 도서

교과서 예습 복습과 학교 시험 대비까지
한 권으로 완성하는 자율학습서와 실전 유형서

미래엔 교과서 자습서

[2022 개정]
국어 (신유식) 1-1, 1-2*
    (민병곤) 1-1, 1-2*
영어 1
수학 1
사회 ①, ②*
역사 ①, ②*
도덕 ①, ②*
과학 1
기술·가정 ①, ②*
생활 일본어, 생활 중국어, 한문
       *2025년 상반기 출간 예정

[2015 개정]
국어 2-1, 2-2, 3-1, 3-2
영어 2, 3
수학 2, 3
사회 ①, ②
역사 ①, ②
도덕 ①, ②
과학 2, 3
기술·가정 ①, ②
한문

미래엔 교과서 평가 문제집

[2022 개정]
국어 (신유식) 1-1, 1-2*
    (민병곤) 1-1, 1-2*
영어 1-1, 1-2*
사회 ①, ②*
역사 ①, ②*
도덕 ①, ②*
과학 1
      *2025년 상반기 출간 예정

[2015 개정]
국어 2-1, 2-2, 3-1, 3-2
영어 2-1, 2-2, 3-1, 3-2
사회 ①, ②
역사 ①, ②
도덕 ①, ②
과학 2, 3

예비 고1을 위한 고등 도서

비주얼 개념서

이미지 연상으로 필수 개념을 쉽게 익히는
비주얼 개념서

국어   문법
영어   분석독해

문학 입문서

작품 이해에서 문제 해결까지
손쉬운 비법을 담은 문학 입문서

현대 문학, 고전 문학

필수 기본서
엔픽

복잡한 개념은 쉽고, 핵심 문제는 완벽하게!
사회·과학 내신의 필수 개념서

사회   통합사회1, 통합사회2*, 한국사1, 한국사2*
과학   통합과학1, 통합과학2
      *2025년 상반기 출간 예정

수능 국어에서 자신감을 갖는 방법?
깨독으로 시작하자!

고등 내신과 수능 국어에서 1등급이 되는 비결 -
중등에서 미리 깨운 독해력, 어휘력으로 승부하자!

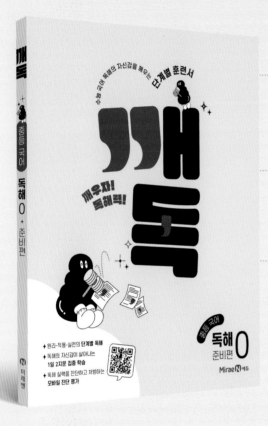

단계별 훈련
독해 원리 → 적용 문제 → 실전 문제로
단계별 독해 훈련

교과·수능 연계
중학교 교과서와 수능 연계 지문으로
수준별 독해 훈련

독해력 진단
모바일 진단 평가를 통한
개인별 독해 전략 처방

| 추천 대상 |
· 중등 학습의 기본이 되는 문해력을 기르고 싶은 초등 5~6학년
· 중등 전 교과 연계 지문을 바탕으로 독해의 기본기를 습득하고 싶은 중학생
· 고등 국어의 내신과 수능에서 1등급을 목표로 훈련하고 싶은 중학생

중등 국어 교과 필수 개념 및 어휘를 '종합편'으로,
수능 국어 기초 어휘를 '수능편'으로 대비하자.

수능 국어 독해의 자신감을 깨우는
단계별 독해 훈련서

깨독 시리즈 (전6책)

[독해] 0_준비편, 1_기본편, 2_실력편, 3_수능편
[어휘] 1_종합편, 2_수능편
[문법] 1_기본편, 2_수능편

독해의 시작은
어휘력에서!